AF237664

Fiebernacht

Goethe in Rom

Theaterstück in 5 Akten

Von Claudia J. Schulze

FSC
www.fsc.org
MIX
Papier aus ver-
antwortungsvollen
Quellen
Paper from
responsible sources
FSC® C105338

Für das Casa di Goethe in Rom

Per la Casa di Goethe a Roma

2018, BOD, Books on Demand Norderstedt © Dr. Claudia J. Schulze,
Titelbild: **Anke Hartmann** (Leipzig), Kommentar von **Werner Wilkening**
(Berlin), Bilder (außer Goethe): **Helmi Bouker** (Tunesien)

Lektorat: **Matthias Ziebarth**, Frankfurt am Main

Übersetzung der Einleitung: **Germana Olivieri** (Köln)
Herstellung und Verlag: BoD - Books on Demand, Norderstedt
ISBN: 9783752840650

Dritte Auflage 2020

Füllt die Worte auf mit Sinn,

Streckt Euch zu dem Ganzen hin.

Verbleibt nicht darin zu gefallen,

Sonst wird hohl und tönern schallen

Das, was Euer Werk soll werden,

Zeugnis von Euch hier auf Erden.

(Larva zu Goethe)

Einleitung

Goethe war ein hochbegabter Mensch, wie sich durch seine unvergänglichen, zahlreichen wie beeindruckenden Werke zeigt. Solche Menschen zeichnen sich aber durchaus häufig auch durch charakterliche Besonderheiten aus.

Goethe besaß einen Forschertrieb, der ihn stets dazu veranlasste – im Grunde schon verzweifelt- auf verschiedensten Gebieten mehr und mehr Wissen zu erwerben. Dies zeigt sich auch in der Figur seines „Faust", der ja daran schier zerbricht nicht alles wissen zu können. Goethes Streben nach Wissen zeigt sich auch an seinen vielen unternommenen Reisen. („Die Reise ist das Ziel"). Hierin zeigt sich ebenfalls seine Sehnsucht nach dem sonnigen, lebendigen Italien, heraus aus dem kalten und recht provinziellen Weimar und all seinen dienstlichen Verpflichtungen. Beim Anblick Roms war er verzückt.

Hier studierte er die Bauwerke, Skulpturen, Gemälde usw. Er suchte nach den Einflüssen *Griechenlands,* nach Synthesen.

Goethe fürchtete die Vergänglichkeit und den Tod. So erkannte er die irdische Vergänglichkeit von Mensch, Tier und Pflanze, die in ihm Angst hervorrief. *Das Vergängliche wollte er unbedingt als etwas Unvergängliches wissen.* Getröstet war er daher (ein wenig) schließlich durch die Schaffung seiner großen Meisterwerke, die er am Ende der an ihm hoch interessierten Nachwelt hinterlassen konnte. Auf diese Weise wurde das vergängliche Leben, sein Leben, sublimiert zu einem nun wohl möglicherweise tatsächlich unvergänglichem Ruhm, zu einem universellen Kulturerbe für die Menschheit. Das Vergängliche wurde also gewissermaßen, in ganz bestimmtem Sinne, unvergänglich. Warum drängte ihn sein Inneres nun gerade nach Rom? Die „ewige

Stadt", gegründet der Sage nach von Romulus und Remus. Das Römische Reich umschloss das gesamte Mittelmeer, reichte weit in den Nahen Osten und schloss, bekanntlich, auch England und Mitteleuropa bis zum Limes ein. Kulturell folgten die alten Römer (indogerm. *Latiner*) den kulturell höher entwickelten Etruskern. Die ersten Herrscher waren Könige.

Es folgte die Zeit der Republik mit den beiden Consulen an der Spitze: *„Videant Consules, civitatem ne detrimenti capiat"!* Mit Augustus begann die römische Kaiserzeit. Später dann zerfiel das Reich durch menschlichen Egoismus, da mehrere Kaiser und Gegenkaiser die Einheit des Reiches zerstörten. Es spaltete sich forthin in ein Weströmisches (Rom) und ein Oströmisches Reich (Byzanz). Beide Teile gingen jedoch schließlich unter, *vergingen*. Goethe schätzte an der Antike, die sich am besten in Rom zeigte, die partielle Unvergänglichkeit der römischen

Kultur. Insgesamt resümierte er später, dass er sich nur in Italien jemals glücklich und frei gefühlt habe. Im heimischen Deutschland empfand er sich von Pflichten häufig geradezu erschlagen. Rom nun, als ganz besonders wichtiger Teil Italiens, spielte da eine, nicht unerhebliche, Rolle. Goethe studierte mit eifriger Unermüdlichkeit zahllose Bauwerke, Ruinen, Landschaft und Gartenkultur. Er lebte mit Malern und anderen Künstlern zusammen. Als Sammler erwarb er Gipsabdrücke von Büsten und Skulpturen, Gemmen, Münzen, Gegenstände des täglichen Gebrauchs. Er interessierte sich sehr für Mosaiken und Grabinschriften, welche hier in großer Zahl vertreten sind. In dieser Hinsicht ist Rom gewiss eine „ewige Stadt", gespeist auch durch ihre Befruchtung durch die reiche griechische Kultur. Hier ist die Unvergänglichkeit der römischen Kultur besonders deutlich, nachhaltig, mannigfach und beeindruckend dokumentiert. Man kann Goethe durchaus als einen großen Kenner der gesamten römischen Kultur bezeichnen. Weitere, sehr ausführliche Einblicke in das altrömische Leben gewährten ihm die Schriftsteller und Dichter der Antike. Aber auch hier zeigt sich deutlich die Vergänglichkeit wie überall auf der Erde.

Das Rom, das Goethe betrat, war längst nicht mehr das Rom des untergegangenen Römischen Reiches. Die Ruinen dokumentierten das vergangene Alte.

Man sprach, zum Beispiel, nicht mehr lateinisch. Es waren vollkommen neue Bauwerke entstanden.

Alles war mittlerweile italienisch geworden, und das katholische Christentum hatte die Herrschaft angetreten. Der Petersdom war dafür das sichtbare Wahrzeichen. So zeigt sich hier einerseits die Vergänglichkeit im Ablauf der Zeit und andererseits eben auch das für die Menschheit Bleibende. Wenn man nun Goethe und Rom vergleicht, so kann man von einer inneren Symbiose sprechen, und zwar so wie das Imperium Romanum Anfang und Ende hatte, so auch das Leben des Johann Wolfgang von Goethe. Andererseits bleibt die stete Erinnerung an das alte Rom durch Zeugnisse der Architektur, der Bildhauerei, der Literatur usw. für die Zukunft erhalten. Eine solche (kollektive) Erinnerung ist meines Erachtens, ebenso wie der Zugang zu den Errungenschaften der eleganten Dichtkunst, der Musik und der bildenden Künste, von sehr großer, prägender und gerade, m.E. wesentlich, zunehmend sogar auch *identitätsstiftender* Bedeutung - insbesondere für den heutigen, aufgrund der Globalisierung, zunehmend von sich entfremdeten Menschen. Diese innere Verwandtschaft von Goethe und Rom, aber auch den Schätzen, die sie beide – zum Teil unabhängig voneinander, zum Teil jedoch durchaus aufeinander bezogen, der Menschheit hinterließen, inspirierte mich zu dem nun folgenden Bühnenstück in 5 Akten (mit Epilog). Allerdings beschränkt sich das nachfolgende Stück natürlich nicht auf allein diesen Aspekt. Er dient eher als eine Art „Rahmen". Das Bild wird anders mit Leben gefüllt. In einem übertragenen Sinn... Anbei vorab noch eine Anmerkung, ein Kommentar des von mir sehr geschätzten Berliner Germanisten, Schauspielers, Musikers und Profi-Sprechers Werner Wilkening.

Der hier beigefügte Kommentar bezieht sich ebenfalls auf die Rolle Roms und die Rolle Goethes.

Das gilt auch für die Übersetzung ins Italienische von Germana Olivieri.

Goethe era una persona estremamente dotata, lodimostrano le sue opere numerose e immortali.

Talipersone si contraddistinguono, spesso, per delleparticolarità del carattere. Goethe possedeva l'istinto del ricercatore, che lospingeva ad acquisire, con disperato fervore, sempre più cognizioni sui più svariati settoriscientifici. Questa attitudine si può osservare anchenel personaggio di Faust, che per poco si distruggeper l'impossibilità di raggiungere la conoscenza assoluta. Anche la moltitudine dei viaggi di Goethetestimonia la sua grande passione per il sapere ("Ilviaggio è lameta"). Provava nostalgia dell'Italiasoleggiata e piena di vita, lontana da Weimar, la suacittà fredda e provinciale con i suoi

11

impegnid'ufficio. Goethe rimase incantato alla vista di Roma. Studiò gli edifici, le sculture, i quadri... Aveva paura della fugacità della vita e soprattutto della morte. Era angosciato dalla caducità terrestredell'uomo, degli animali e delle piante. Avrebbe voluto che l'effimero diventasse eterno. Solo la creazione dei suoi capolavori, certo di poterlilasciare ai posteri, gli dava conforto. In questo modola sua vita fugace fu sublimata da una famaimmortale, in un patrimonio culturale e universaleper l'umanità. Così l'effimero, in un certo senso, è diventatoeterno. Perché il cuore lo spingeva proprio a Roma? La "Città eterna" fondata secondo la leggenda da Romolo e Remo. L'Impero Romano comprendeva l'intero Mediterraneo, si estendeva fino al Medioriente, all' Inghilterra e all'Europa centralefino al Limes. Dal punto di vista culturale, gli antichi Romani (i latini, nell'indo-germanico) successero agli Etruschi, che avevano una cultura più raffinata. Iprimi regnanti erano re. Seguì il periodo della Repubblica con due consoli acapo:

„Videant Consules, civitatem ne detrimenticapiat"! L'Impero Romano cominciò con Augusto, ma piùtardi si dissolse a causa dell'egoismo umano, perchéalcuni imperatori ed anti-imperatori ruppero la suaunità. Da quel momento presero vita l'Impero Romano d'Occidente con capitale Roma e quellod'Oriente con capitale Bisanzio, ma andaronocomunque tutti e due in rovina e scomparvero. Johann Wolfgang Goethe apprezzava l'antichità, che si potevaosservare in particolar modo a Roma, luogodell'immortalità, seppur parziale, della culturaromana. Egli arrivò alla conclusione che non si eramai sentito felice come lo era in Italia. E Roma, sua parte fondamentale contribuivaenormemente a questa felicità. Goethe studiava gliedifici, le rovine, il paesaggio e la cultura del giardinaggio. Viveva assieme a pittori e ad altriartisti. Come collezionista acquistava calchi in gesso dibusti e sculture, gemme, monete, oggetti d'usoquotidiano. Si interessava molto ai mosaici e alleepigrafi, che là si trovavano in grande quantità. Sotto questo aspetto, Roma è sicuramente una"Città eterna". Qui l'immortalità della cultura romana èparticolarmente chiara, duratura, e documentata inmaniera cospicua e imponente e Goethe eine era ungrande conoscitore. Inoltre, gli autori e i poetiantichi contribuivano a dargli un'idea della vita dellacittà a quell'epoca. Ma anche a Roma, come nelresto del mondo, la fugacità della vita erachiaramente visibile. Da molto tempo, la città di Roma in cui Goethe misepiede, non era più la Roma dell'Impero Romano andato in rovina. Le rovine documentavano ilmondo antico estinto.

Per esempio, non si parlava più latino. Erano sorti edifici completamente nuovi. Tutto eradiventato italiano e il cristianesimo cattolico aveva assunto il principato. La Basilica di San Pietro ne eraun simbolo evidente. Si osserva, dunque, anche qui, da un lato la fugacitànel trascorrere del tempo e, dall'altro, quello cheresta per l'umanità. Accostando Goethe e Roma, sipuò parlare di una simbiosi profonda. L'Impero Romano ebbe un principio e una fine, del restocome la vita di Johann Wolfgang von Goethe. Ilricordo dell'antica Roma rimane vivo per i posteritramite le testimonianze dell'architettura, dellascultura, della letteratura. Lui si occupa dell'influenza della cultura greca in quella romana.

A mio parere, una talememoria (collettiva) assieme all'accesso alla poesia, alla musica e alle arti figurative ha una grandeinfluenza, soprattutto sulle persone di oggi che in seguito alla globalizzazione si alienano oltre misurada loro stesse. Questo ricordo le aiuta a generareidentità. L'affinità tra Goethe e Roma, anche i tesori cheentrambi – in parte indipendenti l'uno dall'altra, inparte in relazione l'uno all'altra – hanno lasciatoall'umanità, mi hanno ispirato la seguente operateatrale in cinque atti e un epilogo. Naturalmente il componimento non è concentrato solo su questoaspetto, che serve piuttosto da cornice. Il quadroprende vita con altri elementi. In senso figurato...

(Tradotto da Germana Olivieri, Colonia, 2020)

Kommentar

„Die Ewige Stadt - die Untergegangene, und x-mal auferstandene. Ihre Macht reichte aus, um sogar ihre Eroberer zu „Römern" zu machen, indem diese Barbaren die römische Kultur übernahmen.

Und? Wir schreiben uns in Latein: in lateinischen BuchStaben! Jetzt! Hier! Ohne Buchstaben keine Wörter, keine Sätze - oder GeSetze, keine Bücher, keine Briefe.

16

Insignien der Macht - der Macht Ausübung. Wir schaudern ... und sind fasziniert.

Ja, Rom lebt noch - (nicht unbedingt nur in Rom). Fairer Weise sollte man hinzu fügen, dass der Dichter nicht nur „von großer, prägender und identitäts stiftender Bedeutung für den heutigen aufgrund der Globalisierung zunehmend entfremdeteten Menschen" war (und ist) - sondern auch umgekehrt: er war (und ist) einer der Vorreiter... Vorkutscher... Importeure der „Globalisierung" seiner Zeit und hat „fremde" kulturelle, nämlich klassische alt-römisch/heidnische Einflüsse in Teutsche Lande um genauer zu sein: nach Sachsen-Weimar-Eisenach eingeschleppt, um der Teutschen Kultur den sogenannten „Klassizismus" aufzusetzen, wie 'nen alten Hut.

Rom selbst war ja, nach damaligem Kenntnisstand, die <u>globalisierende</u> Macht des Altertums. Und dessen große Stärke ist es schließlich gewesen, Einflüsse fremder Kulturen auf zu nehmen, zu integrieren und verbindliche Maßstäbe zu setzen. Die Letternschrift wurde den Phöniziern abgeschaut, die Götterwelt von den Griechen übernommen, die Bau- & Kriegskunst, von eben jenen kopiert, nur das Römische Recht - die Bürokratie - ist eine eher römische Erfindung, die bis heute prägenden Einfluss fast überall auf der Welt besitzt." Wieder zurück. Zum Stück. Es liegt natürlich nahe, den Dichter in die römische Geschichte zu verwickeln und einem Vertreter römischer Größe gegenüber zu stellen. Und wie funktioniert das? Mit Hilfe von Geistern, L & L. Mysterie! Quasi.

Das hätte Goethe nicht anders gemacht." (...) Jetzt habe ich erstmal noch nichts zur (Reim-) Form gesagt. Aber alle Achtung! Das zeugt doch von einer großen Sprach-Begabung und exponentieller Beharrlichkeit. (Werner Wilkening, Berlin, 2018)

Lemur und Larva – ein Fiebertraum /

Bühnenstück in 5 Akten – Inhaltsangabe

(Fettdruck = Erzählerstimme; kann individuell in den ausgewählten Textpassagen variieren)

Der junge Goethe in Rom, gesundheitlich schwer angegriffen und von der (selbstverständlich ganz ausnehmend schönen) Römerin Margarita, die (natürlich) einem anderen versprochen ist, angetan, trifft in einem schweren Schlaf, nach mit Künstlern durchfeierter Nacht, zwei römische Totengeister, Lemur und Larva, und verbringt einen Tag und eine Nacht mit ihnen. Während dieses Erlebnisses, in dem es keinen Begriff von Zeit im uns bekannten Sinne mehr gibt, durchreist er mit ihnen im Zeitraffer das sich in Jahrhunderten wandelnde Rom. Wandel und Vergänglichkeit machen ihm dabei ebenso zu schaffen wie seine beiden unfreiwilligen Weggenossen, die ihm voraussagen, <u>dass er nur unter ganz bestimmten Umständen aus diesem seinem Traum überhaupt wiedererwachen werde.</u> Die Reise mit ihnen stellt hierfür einen

notwendigen Bestandteil dar. Goethe möchte sich verständlicherweise bereits zu Beginn seiner Reise dieser ihm unheimlichen Mitreisenden entledigen, doch muss er hierzu, darauf wurde er vom Lemuren hingewiesen, <u>sowohl auf den richtigen Ort, die geeignete Zeit und das rechte Wort warten.</u>

Die beiden Geister erwecken Kaiser Vespasian als Mitstreiter. Die Wahl fällt aus recht verschiedenen Gründen auf ihn. Zum einen schätzen sie seine Klugheit, Bodenständigkeit und seine legendäre Sturheit. Hiermit, so vermuten sie, haben sie die bestmögliche Hilfe. Vor allem aber scheint ihnen die erfreuliche Tatsache, dass Vespasian es eben durch seine Gegensätzlichkeit vermag Goethe zu verwirren, die größte und effektivste Waffe gegen ihn zu sein. Die bereits Verstorbenen entziehen sich dem Zugriff der Totengeister zwar stärker, doch haben sie etwas, das Vespasian überzeugen dürfte. Zumindest gehen sie davon aus, und damit auch von dem Einfluss, den sie geltend machen wollen. So ist der Lemur davon überzeugt, dass sein Tauschhandel ausreichen wird um Vespasian für sich zu nutzen. Larva ist sich da nicht so sicher. Sie weiß, dass sich des Kaisers Sturheit ebenso gegen sie selbst richten kann, und dass Taktieren und Betrügen hier wenig ausrichten können wenn der Erweckte sich dagegen verwahrt. Doch die Lebenden, wie Goethe, zumal die Eitlen, werden leicht von ihnen durchschaut und geschwächt. Kaiser Vespasians unbeugsame Sturheit bewirkt allerdings tatsächlich, dass er sich nicht für die Zwecke anderer benutzen lässt. Zudem tritt eine gänzlich unvermutete, zarte Seite seines Charakters hervor, was sein Erscheinen für alle zu einer äußerst unberechenbaren Angelegenheit werden lässt. Was sie zunächst ebenfalls nicht wissen ist, dass Kaiser Vespasian nicht als einziger erwachte, da auch das Erwecken generell (geplant oder nicht) niemals ohne unerwünschte Wirkungen vonstattengeht, und der ehemalige (stolze) Kaiser, Vespasian, sich zudem schon aus Prinzip vor niemandes Karren spannen lässt. So sind die Totengeister, vor allem der Lemur, nicht mehr die „Meister des Spiels", sondern ebenso den Launen des Schicksals ausgesetzt wie der junge Goethe selbst. Was Larva betrifft seien Zweifel berechtigt. Während Larva, zu Goethes verfrühter Erleichterung, zunächst recht bald von der Seite der Reisenden weicht, bleibt der Lemur, der sich ihm zuweilen gar bedrohlich nähert. Doch täuscht sie gewaltig, diese vermeintliche Abwesenheit Larvas. Larva taucht in der Folge überraschend (oft hilfreich) an bestimmten Orten und zu bestimmten Zeiten im sich wandelnden Rom auf, das sich nun ebenso real in seinem (Goethes) Kopf befindet wie das außerhalb seiner existierende und existiert habende Rom. Totengeister können sich, darüber hinaus, einem Lebenden auch gänzlich unbemerkt nähern und ihn beeinflussen. Dies macht sich der Lemur zunutze. Goethe muss also alle Kräfte aktivieren um gegen die Totengeister zu bestehen, ja, sie am Ende zu besiegen. Es gilt für Goethe nun kryptische Rätsel zu entwirren und diese mit dem rechten Wort zu kommentieren. Die Rätsel müssen alle gelöst, sowie die Worte die Zustimmung beider finden. Sonst, so wird ihm gleich zu Beginn gesagt, würde ihm der Weg zu den Lebenden zurück nicht mehr gewährt, er gehörte dann ganz ihnen. Sein hohes Fieber spielt ihn bereits in ihre Hände. Es wird eng für Goethe. *Gelingt es ihm jedoch sich zu befreien, so müssen Lemur und Larva für 2000 Jahre allein in der ewigen Nacht verweilen, ohne die weitere Gelegenheit zu bekommen Menschen zu martern und zu schrecken.* Mitten drin befinden sich nun Kaiser Vespasian und seine durch Larva mit ihm erweckte Frau, Flavia Domitilla. Der Lemur und Larva verfügen über die perfide Kraft Zweifel in dem Dichter zu säen und ihn systematisch zu zermürben. Vor allem der Lemur nutzt dies für sich. Dabei ist auch die bereits erwähnte Fähigkeit des Lemuren von Vorteil, sich ungesehen an Goethe heranzuschleichen und ihm die Knochenhand aufs Herz oder an die Schläfe zu legen. Beides verwirrt den Dichter und bringt ihn von dem Weg ab, der ihn zur Rettung führen soll.

Wäre da nicht Larva, die auf eine genaue Einhaltung des Pakts, ohne faule Tricks und Kniffe, bestünde, hätte der junge Dichter wohl keinerlei Chance lebend aus dieser Situation zu entkommen. Ihre Rolle geht aber über diese Funktion noch hinaus. Der Lemur nutzt jede Gelegenheit in der er Larva abwesend wähnt um Goethe, wo er nur kann, zu schaden. Einmal sagt ihm der Lemur den frühen Tod voraus, ein anders Mal das Gegenteil, um ihn in seinen Entscheidungen zu manipulieren, ihn von dieser abzubringen, auf eine egoistisch-hedonistische Spur zu leiten, und somit Goethes einzige Chance zu zerstören auf das *rechte Wort zur rechten Zeit* zu kommen. Eine der Chancen liegt im Verzicht, (hier ein möglicher Vorläufer von Goethes Faust, welcher ähnlichen Versuchungen zunächst fast kampflos erlag).

Doch, natürlich, nur EIN möglicher. Hier ist etwas Zerrissenes, noch Unentschiedenes, nicht zur Gänze Strukturiertes. Das Uneinige wird durch den Wechsel der Erzählform verdeutlicht (Wechsel von Du- und Sie-Form; siehe dazu Lemur und Larva).

Auch der junge Goethe in Rom ist beileibe kein Heiliger. Es muss natürlich, da sich hier wohl eine gewisse Wechselseitigkeit andeuten dürfte, erwähnt sein wie sehr ihn die Angst um die eigene Vergänglichkeit antreibt.

Goethe also, zunehmend um sein noch junges Leben fürchtend, besessen von dem Ehrgeiz, Margerita für sich zu gewinnen (teilweise indirekt befeuert vom Lemuren, der offenbar den frühen Part eines (allerdings noch sehr reduzierten) Mephisto einzunehmen sucht) inspiriert, nimmt all seine Risikobereitschaft zusammen, glaubt an Bisheriges, ihm Vertrautes, und wird dabei zugleich von Larva, Vespasian und Flavia Domitilla, der früheren, ersten Frau des Kaisers, eines anderen belehrt.

In einem entscheidenden Dialog in beinahe letzter Minute und an einem zunächst recht unpassend scheinenden Ort, wirft der junge Dichter Goethe alles in die Waagschale, was ihm gegeben ist.

Ohne (ausgerechnet *weibliche*) Hilfe, die ihn ganz unerwartet ereilt, wäre er jedoch hierzu nicht in der Lage gewesen.

In diesem Zusammenhang wird Goethe, zumindest für eine kurze Zeit, demütiger, weiser und sich seiner Stellung als einfacher Mensch, aber auch der finalen Verantwortung seiner Taten, bewusst.

Im wahren Leben oft von Frauen protegiert und gefördert, fällt ihm auch hier weibliche Hilfe zu.

Schätzt er sie, oder sind sie ihm doch eher Mittel zum Zweck?

Werden Erkenntnisse zu echtem Wissen umgesetzt?

Hier sind die wilden Kräfte noch ein letztes Mal zu bezähmen, und Goethe stellt sich dieser Aufgabe.

Ob es gelingt durch Lösen der Rätsel dem Traum zu entkommen, sei hier noch nicht verraten, wobei die Vermutung zumindest eine naheliegende sein dürfte.

Er zahlt hierfür jedoch auch den Preis einer für ihn sehr schmerzhaften Erkenntnis und muss ein für ihn ungewohntes Opfer bringen.

Da es ein Spiel mit mehreren Einsätzen ist, wird er hier jedoch bei Weitem nicht der Einzige bleiben.

Vorgeschichte

Erzählstimme:

Goethe erkundet die Stadt Rom. Am heutigen Tage ist er, nach einem längeren Aufenthalt in der Bibliothek, auf den Spuren der vielen Gräber, Bilder und Gedenkstätten alter römischer Kaiser und römischer Totengötter, griechischer Ahnen der Stadt. Er denkt lange über den Ausspruch des früheren Kaisers Vespasian nach: „Vae, puto deus fio!" In einen Gottesstand wollte der Kaiser Vespasian also nicht erhoben werden. Zugleich fühlt sich der junge Goethe heftig von der so offensichtlichen und zur Schau gestellten Bescheidenheit des einstigen Herrschers angezogen und abgestoßen. Steht ihm persönlich doch der Sinn nach Höherem. Unsterblich möchte er nämlich durch seine Dichtkunst werden, im gewissen Sinne gottgleich. (Siehe dazu später die diesbezüglichen Äußerungen des *Dr. Faust*). Wer war er wohl, dieser Vespasian? Wie kam er dazu sich über die Erhebung in den Gottesstand sogar deutlich abwertend und ironisch zu äußern? Warum warf dieser seine eigene Unsterblichkeit so leichtfertig von sich, während Goethe so hart darauf hinarbeitete eben jene zu erlangen? Beinahe scheint ihm das Verhalten Vespasians einem persönlichen Affront, einer Abwertung all dessen, was Goethe anstrebt, gleichzukommen. Doch verweilt er nicht lange beim Nachdenken, da ihm immer wieder das Bild von Margerita, der jungen Römerin aus der Nachbarschaft, durch den Kopf geht. Es ist ein unnatürlich windiger, kühler Tag. Margarita ist einem anderen versprochen: Donatus Di Croce, einem recht reichen, jungen Kaufmann, den Margarita bereits seit Kindertagen kennt und schätzt. Von Goethe wird er als *unerträglich anständiger Langweiler* zutiefst verachtet. Goethe, sich seiner Anziehungskraft auf die Frauen bewusst, möchte sich von dem etwas farblosen Donatus nicht abbringen lassen und

Margarita gehörig verführen. *„Das Weib gibt mir Unsterblichkeit"*, so Goethes steter Leitspruch.

Tatsächlich hat er in dieser Richtung und auf gleich mehreren Ebenen hierzu bereits einige Erfahrung sammeln können.

Es ist die Unsterblichkeit des in Rausch und Ekstase verbrachten Augenblicks, die er hierbei zunächst anstrebt, die vergängliche Unsterblichkeit, deren Tode andere jedoch für ihn (mit-) sterben. So blüht es auch, sollte sich das Schicksal nicht wenden, der arglosen Margerita. Bisher waren seine Versuche noch nicht von Erfolg gekrönt, doch ist er gewillt den Kampf gegen den Rivalen auf sich zu nehmen. Ein Rückzug kommt für den Eroberer Goethe nicht in Frage.

So überdenkt er all seine bisherigen Strategien und arbeitet sie im Kopf aus. Fein und unausweichlich möchte er diesmal das Netz spinnen, in welches er

Margerita so unbedingt locken möchte. Etwas, das wohl ein eher leichtes Spiel für ihn sein dürfte- wenn er es richtig plant und geschickt umsetzt.

Goethe wandert somit also gedankenverloren, von Windböen gebeutelt und verkühlt am Tiber entlang.

Berechnend und strategisch spielt er für sich einige mögliche Szenarien der Werbung und Ab-Werbung durch. Gerne ginge er zwar wieder in seine Stube, doch fühlt er sich innerlich unangenehm getrieben, von einer unerklärlichen Unruhe erfasst, und so kann er nicht anders als ziellos durch die Stadt zu wandern, abwechselnd Vespasian schmähend und Margerita herbeisehnend.

Die Gedanken kreisen unaufhörlich in seinem Kopf umher, und er wandert bis in die Abendstunden, ohne zu ruhen, zu essen oder zu trinken, stets noch gedankenverloren durch die Stadt.

Er weiß nicht recht was er tun soll und fühlt sich an diesem Tag ganz außerordentlich verloren. So ist er froh, dass er auf bekannte Künstler trifft, zwei Maler, die mit ihm die Nacht in einer Schänke durchfeiern, um ihn so abzulenken. Goethe übertreibt es jedoch in jener unglückseligen Nacht sträflich mit dem Feiern, frei nach griechischem Vorbild.

In vollkommener Maßlosigkeit versucht er seine schweren Gedanken zu betäuben, doch erweist er sich und seiner ohnehin angegriffenen Gesundheit damit keinen Dienst.

Am nächsten Tag ist er schwer erkrankt. Vom Fieber ergriffen kann er das Bett nicht verlassen.

Er versucht sich mit einem Buch über griechische Mythen abzulenken, einem Begleiter den er sogar mit auf Reisen nimmt, kann sich aber nicht sammeln. Er sieht die Bilder der Bacchantin, der griechischen Hetären, der Lorbeerkränze, doch verschwimmen die Bilder, er muss das Buch zur Seite legen. Er fühlt sich unwohl und erschöpft.

Hier macht er nun die unfreiwillige Bekanntschaft mit dem Lemuren und Larva.

Die Totengeister hassen von jeher all jene, die so kühn und stolz nach der Unsterblichkeit greifen, da sie sich selbst hierdurch, auf beleidigende Art und Weise, negiert fühlen. Mit zahlreichen schweren

Versuchungen, diversen Taktiereien und gezielten Verunsicherungen wollen sie dem beikommen. Die Rolle der Larva ist widersprüchlich. Allerdings sieht es ohnehin so aus als könnten sie sich die Mühe sparen. Sie spüren zwar genau, dass dieser Dichter Goethe über ganz außerordentliche Gaben verfügt, und dass dieses Geschenk, sein Schreiben ein Rüstzeug darstellt, welches, zumindest von Zeit zu Zeit, in der Lage ist sich ihnen zu widersetzen. Zwar fehlt ihm noch die Reife, doch in seinen Zeilen greift er einer zukünftige Entwicklung zum Teil bereits voraus. Einige seiner Worte entfalten bereits jetzt eine Macht, die den beiden Totengeistern einen gewissen Respekt einflößt. Daher haben sie es besonders auf den jungen Dichter abgesehen. Dennoch wird dies vermutlich wenig Mühe kosten, arbeitet ihnen sein hohes Fieber ohnehin in die Hände. Sein früher Tod, als eine deutliche Demonstration ihrer Macht und ihrer Überlegenheit käme ihnen gelegen, wobei auch sie, auf Drängen Larvas, *ihren Einsatz* (so will es das *„Spiel"*) bringen müssen. Larva besteht auf einen *„Pakt"*. Was das *„Spiel"* genau ist wissen nur die Totengeister selbst. Der Lemur glaubt, dass es ihre (Larvas) generelle Freude am *Spiel* mit dem ohnehin

Totgeweihten sei und stimmt zu. So beginnt es: Sie ängstigen ihn mit der *Vergänglichkeit*, bieten Alternativen an, ver-wickeln ihn in Widersprüche. Totengeister sind nicht eben für Feinfühligkeit bekannt – auf keinem Land der Erde. Warum also sollte es sich in Rom anders verhalten? Insgesamt zeigen sie sich dem kranken und geschwächten jungen Dichter gegenüber nicht gerade zimperlich. Ganz im Gegenteil. Es geht derb zu in Goethes Krankenstube. Die Totengeister werfen gar sein Buch zu Boden. Im Staub liegt sie nun, die von ihm so geschätzte Mythologie der Griechen. Der Lemur ist sich seines Siegs über den jungen Goethe bereits sehr sicher. Er bedient sich zudem aller ihm zu Verfügung stehenden Tricks, auch denen, die im Pakt nicht vorgesehen waren. (Das manipulative Handauflegen auf Goethes Herz und Schläfe, das sich unbemerkte Anschleichen, was ihm als Totengeist gelingt). Der Lemur glaubt von vorneherein ohnehin an seinen unbedingten Sieg, wobei er den Pakt (im Gegensatz zu Larva) ja, dies wurde bereits erwähnt, als nicht notwendig erachtet. Doch Larva, dies wurde bereits angedeutet, treibt ein doppeltes Spiel.

Sie hat ihre ganz eigenen Absichten.

Zeitangaben

Erster Akt (Mit Einleitung): 35 Minuten

Zweiter Akt: 25 Minuten

(Pause)

Dritter Akt: 18 Minuten

Vierter Akt: 15 Minuten

Fünfter Akt (Mit Epilog): 12 Minuten

(Zeiten können variieren)

Es spielen mit:

Goethe als junger Mann

Lemur und Larva (römische Totengeister)

Kaiser Verspasian

Domitalla (Vespasians erste Frau)

Ein Bühnenstück in 5 Akten,

ca. 1 Stunde, 45 Minuten

Erster Akt- *Erste Szene*

Goethe liegt, nach durchfeierter Nacht, im schweren Fiebertraum angekleidet auf seinem Bett. Sein Buch liegt auf dem Boden.

Lemur und Larva (zwei römische Totengeister) treten hinzu. Lemur und Larva peinigen Goethe:

Lemur: Du Tor, genarrt von den Chimären!

Bacchantin längst verlies den Raum.

Zu Staub der Griechen schön´ Hetären,

Vorbei, vorbei- nur Fiebertraum!

Pan – was blieb, *denn* fahler Schein?

Es *darf,* was lebt, nicht ewig bleiben.

Zu Staub die Jugend, zu Staub der Wein,

Hinüber dort das wilde Treiben!

Die Götter selbst sind längst zerbrochen

Wie irden Tonwerk alleweil,

Noch härter hat´s den Mensch getroffen,

Von ihm bleibt nicht einmal ein Teil.

Zerschmettert seine sterblich Knochen,

Zu Schanden ohne Axt noch Beil –

Was wollt', was *könnt'* Ihr da noch hoffen?

Auf schwachen Klotz den groben Keil!

Das ewig *Nichts* hat euch gesoffen,

Verweht den Rest der Welten Winde,

Verworfen König, Mann und Weib

Zu *Seinem* [1]eigen' Zeitvertreib.

Greisin, Bettler und Gesinde

Frisst er im Vorübergehn,

Lässt kein' Knöchlein nicht zurück-

Schneller als das Aug' gesehn.

Keinen Krumen, noch die Rinde!

Eifrig, ruchlos und geschwinde.

Niemand gegen dieses hetzt

Der nicht dem *Kaiser* gleichgesetzt.

Niemand – auch nicht *Deinesgleichen,*

---

[1] Anmerkung: des Todes – Hinweis: Requisite

Nur der *Kaiser* kann´s erreichen.

(mit Blick auf den kranken Goethe)

Die Stirn ganz kraus, das Hirn zerwetzt

Das Nachtgewand schon gar zerfetzt.

Fast könnt´ man sich erweichen.

(Der Lemur grinst höhnisch)

Doch Totengeister kannst Du nicht

Mit Deinem Wort umschleichen.

Musst bald mit Larva und mit mir

Auf ewig nachts hier weichen.

Auf *ewig*, ja, das sag ich Dir,

Vernehmen sollst Du es nun hier!

(Der Lemur reckt sich, um größer zu wirken)

Vermocht´ selbst nicht des Kaisers Weib das

Liebste Kind zu mehren - wie willst

Dann Du, Du töricht Mensch, Dich gegen´s

Fatum wehren?

Jetzt halten über Dich Gericht

Wir schlotternden Skelette,

Drücken Dich *schwer* im schwachen Licht,

Menschlein in deinem Bette.

Larva: Wie wild war doch Dein Wälzen noch,

Trunken mit jener Magd.

Doch trägt vergessend sie ihr Joch

Just, wenn es wieder tagt!

Wird sie nun kommen und Dich kosen,

Bärtig, *Dich*, gar ohne Hosen?

Wird Dich pflegen oder dauern,

Eifrig nach dem Heiler lauern?

Nun, ohne Hosen sah sie schon

Einiges von Euch, *mehr* wohl

Als das, was ihr wird dünken lieb,

Da ihr der Kopf so schwer und hohl

Von viel zu süßem Weine.

Geschwollen ihr Geschlecht nunmehr,

Es schmerzen auch die Beine.

Bei all der dumpfen Raserei

Unsterblichkeit erreichen?

Wie soll das geh´n wenn Frauen

Sich aus den Lagern *schleichen*?

Totschlagen lässt sie sich – die Zeit

Ja, gäb´s doch schlechtr´e Arten

Als halten junge Körper fest

Die runden und die zarten!

Und dünkt es erst mal einerlei

Wie Ihr das Bett zerschlissen-

Ich geb´ es zu, was sei dabei?

Doch eines müsst Ihr wissen.

Unsterblichkeit die liegt nicht da,

Gebettet auf dies Kissen.

Ob Margaritens dichtes Haar,

So, dunkel, schwarz wie Asche

An dem man selbst zur Mittagszeit

So gern´ ein wenig nasche-

Ob jene Dirne mit dem Zopf?

Verloren bei ihr Malz und Hopf,

Ihr Rock war ganz zerissen -

Die Brüste schwer, die Beine breit,

Sie wollt´ es wahrlich wissen.

Erwartete zu jeder Zeit

Euch mit den Liebesbissen.

Umklammert noch die Flasche,

Mit Fingern zart und weiß,

Sie trug sie in der Tasche-

Der Schaum entwich ihr leis´

Bedeckt die Brust wie auch den Schoß

Mit süßem, lüstr´rem Schweiß.

Lagt mit *ihr* und doch zu zweit,

In ihren Armen schwort den Eid!

Den steckt Euch in die Tasche.

Am besten alles hasche-

Bereite und verzücke sie,

Beschmutze oder wasche!

Besteigt sie wie ein *Hase*,

Das Herz umsonst ihr rase!

Verdreht so schnell den kleinen Kopf,

Von unbescholt´ ner Maid,

Was hinterher mit ihr geschah-

Das tat Euch niemals Leid.

Hieltet starr sie fest am Kropf,

Euch riss sie auf Ihr Kleid!

Packtet sie dort und hier und da,

Am Hinterteil man klopfe.

Verlieret sie sich dann *in* Euch -

Darauf man gut sie stopfe!

Die Lust kannt´ niemals keine Zeit.

Der Hase und der Hengst sie reit`

All Deine zahllos´ Frauen.

So viele wirst Du halten noch in

Deinen gierig´ Klauen.

Sie gaben Euch, das weiß ich ja,

Sie gaben Euch *Bescheid,*

Mit stöhnend Klagen alleweil

Mit Seufzen und mit Schauern

Da ward Ihr der Einzig´ wohl

Der wusst es würd´ sie dauern.

Diese Gänschen ganz verzückt

Mit denen Ihr Euch zu gern schmückt!

In jede ihrer Pforten.

So wollen sie´s, so lieben sie´s

Hier und auch allerorten.

Sei´s die oder die And´re dort-

Die Dirne mit dem Zopfe-

Am Ende doch, ganz unbeflissen

Landet´s im gleichen Topfe!

Das rote, blonde, schwarze Kissen

Erlegen Deiner Masche.

Ist´s einerlei ob zahlen Du

Sie tätst aus eig'ner Tasche.

Ob sie für Geld und Gold sich regen,

Dein Vergnügen Dir recht hegen,

Sich eifrig endlich zu Dir legen

Um Wünsche Dir zu stillen,

Und sei´s aus eign´em Willen.

Niedrig blieb die Minne wohl,

Klebrig, träge, seltsam hohl.

In Hütten, Häusern, Villen

Erforschtet feuchte Rillen.

Es ist dabei auch *unbenannt*

Was seien *Deine* Grillen.

Darauf käm´es am End´ nicht an,

Denn kommutabel *auch der Mann!*

Ungeliebt und unerkannt.

Kein Streit deshalb je voll entbrannt.

Den Teufel lasst´nur fegen.

Ebenso wär´ es einerlei ob´s

Fände *Gottes* Segen.

Lassen wir *den* Mal aus dem Spiel

Dann hätt´ er nichts dagegen!

Und dennoch sei Dir ganz gewiss:

Unsterblichkeit, die bringt es nicht

Wenn ihr der Weiber Röcke hisst.

Nichts dem, der sich gleichsam vergisst.

Vergessen muss er *anders* sich,

Ach, hätt´ er´s nur gewusst!

Ein Zeitvertreib, kurzweilig, ja,

Und sehr zu Deiner Lust.

Doch *weit* von dem was schon der

Klügste ins Grab sich nehmen *musst´*.

Ob heut´ Ihr sterbt in jungem Jahr oder

Nach ihrer vielen,

Käm´ s denn drauf an mit *hunderten*,

Mit *tausend* Frau´n zu spielen?

Ihr könntet auch auf Pferde wetten

Statt zu zerwühlen Daunen- Betten,

Könntet mit großen Männerhorden

Auf Jagd die schönsten Rehe morden,

Könntet stets im Rausch versinken.

Der Tod tät *doch* Euch dereinst winken.

Und ehe Ihr noch fortgebracht

In diese ewig dunkle Nacht

Da wüsstet Ihr genau

Es *wär* die eine Frau!

Die eine Frau die wär´s gewesen,

Die, die mit Euch verwandt

Durch sie hättet das eigen´ Wesen

Ihr trefflicher erkannt.

Das eigen´ Wesen zu erkennen,

Selten ist´s bei weit´!

Doch so, und nur auf diese Art

Gerettet Eure Zeit!

Gerettet euer Stundenglas in

Dieser Welten Wanken,

Gerettet die Unsterblichkeit,

Gewiss, man würde's danken.

Denn in der Euren fänd' sich alles

Das immer *zaudert* wieder,

Hoffnung schöpfte man bestimmt

Bevor zu Staub die Glieder.

Doch sagt mir nur wer könnt' es sein

Der Eure Zeit soll retten?

Ihr selber? Nein, das glaub' ich kaum!

Zu voll stets Eure Betten.

So wie auch in letzter Nacht

Welche Euch schwer das Fieber bracht.

Die holde Angebetete war's nicht,

Eher die Dirne „*Ohn´ Gesicht*",

Die Viele-Viele-Eine!

Sollt' Dir Unsterblichkeit sie geben?

Dubitato, bei allem Leben!

Lemur: Larva, ho! Warum so eifrig,

Ganz flammend habt gesprochen?

Ist´s wohl Euch arg *wer* dann, am End´

Aus *seinem* Bett gekrochen?

Hier im Staub da liegt das Buch

Verdeckt, verschreckt von eign´em Fluch!

Es zeugt von wildem Feiern,

Mir ist´s ganz gleich wer hier wohl wann und

Wen hat an den Eiern!

Was sorgt ihr Euch um einen,

Der nur um *sich* mag weinen?

Larva winkt ab, nimmt den Lemuren ein wenig zur

Seite und spricht:

Larva: *(zum Lemuren, leise)*

Ihr schätztet einst das Feiern auch,

War Euch der größte Spaß,

Doch wie Ihr nun den Schreiber schmäht

Messt Ihr mit doppelt´ Maß.

Triebt´s wohl noch bunter als der Dichter-

Wen wundert´s wenn Ihr nun der Richter!

Fast menschlich schon- oh, wie mir graut-

Ich seh´s: *Euch wächst gleich Menschenhaut.*

Lemur: Bös´ fürwahr ist Euer Frevel- und

Läg´mir nichts am Duft von Schwefel

So wär ich Euer leid,

Doch wahr ist´s wohl, dass selbst noch *ich*

Im Innern bin entzweit.

Würd´ gern den kleinen Dichter treiben

In Margaritens Schoß-

Würd´ mich an seiner Lust ergötzen,

An ihr- ganz nackt und bloß.

Würd´ woll´n den Freier leiden seh´n-

Wie schlüg´ sie ihn nur los?

Oh, wie gefiel es mir!

Ach, all sein Weinen und sein Weh´n,

Verbannt und kaum noch hier.

Ein andrer war in ihrem Schoß,

Kaum Mensch, viel mehr ein *Tier.*

Wie würde diese, seine Qual

Mir gütlich liegen allemal!

Gedanke der entzücke -

Am End´ noch, lief´s denn nach mir,

Spräng´er von einer Brücke!

Kein Teufel´s ihm verwehr!

Es wär´ ihm nimmer schwer,

Dem, der nicht fürchtet Pferdefuß

Noch Feuersee noch Teer.

Larva (*streng*):

Doch richtig sei das Maß gestutzt,

Denn so sei niemandem genutzt.

Ein Totengeist muss wandern.

Den Tanz, den Rest und alles sonst

Das lass´ getrost dem Andern.

*Sie wendet sich vom Lemuren ab und wieder
Goethe zu, der nicht weiß, woran er bei den beiden
ist. Zugleich, das spürt er, hat er keine große Wahl.*

Larva: *Mehr* braucht´s, das sei hier zugegeben!

Diese Nacht hat keinen Morgen,

Vorbei Dein Leben, alle Sorgen,

Doch sei dies nicht der letzte Akt

So willig´ ein in einen Pakt.

Gewinnt Ihr sei zurückgegeben

Euer so heißgeliebtes Leben.

Verliert Ihr nehmen wir Euch fort

Für immer, raus aus Zeit und Ort.

Nichts habt Ihr hier noch zu riskieren,

Das Fieber ließ´ Euch gleich krepieren

Wie einen tollen Hund.

Ist etwas grob hier ausgesprochen,

Das liegt an später Stund´.

Die Nächte nehmen´s nicht genau,

Seh´n drüber schnell hinweg.

Das müssen sie, denn in der Nacht

Türmt sich und schwillt der Dreck.

Braucht so Euch gar nicht mehr zu spreizen

Und mit Euren Karten reizen.

Nur *gewinnen* könnt´ Ihr noch,

Hunde ich noch keine roch

In dieser Nachtens Mitte.

Gestatten wir Dir, wohlgelaunt

Noch diese letzte Bitte.

Unser Einsatz, kein geringer,

Wickle *er* Euch um den Finger

Falls das Bitten Euch nichts sagt,

Bis man morgen Euch beklagt.

Lemur: Oh Larva- auch noch *wohlgelaunt*

Was Du dem Dichter zugeraunt?

Von Fingern oder Bitten. Wenn´s wir nur wollen

Ungerührt wir ihn *zurecht* uns ritten.

Was soll das nette Plaudern?

Und das gelinde Zaudern?

*Larva winkt erneut ab und wendet sich, die Worte
des Lemuren missachtend, nochmals an Goethe:*

Larva: *So* seht Ihr wohl es sei uns *echt!*

Im Pakt erhalten bleibt das Recht!

Hinweis wird Euch stets gegeben.

Paktiert, und rettet Euer Leben!

(Der Lemur greift sich an die Stirn. Er hält den Pakt für überflüssig; lässt Larva aber gewähren)

Goethe: Ich tu´s, doch *haltet* den Vertrag!

Hinweise man mir geben mag.

Trotzdem, das wisst Ihr selbst am besten,

Wird mich dieser Pakt wohl testen.

Testen, oder auch betrügen,

Weiß ich ob Totengeister lügen?

Doch sei es so – sei´s wie es mag,

Ich hoffe auf den neuen Tag!

Denn viel Wahl habe ich wohl nimmer,

Hier auf meinem Sterbezimmer.

(Goethe hält dem Lemuren und Larva die Hand zum Pakt hin). Der Lemur ist von vornerein sehr siegessicher. Ein Pakt wäre, aus seiner Sicht, gar

nicht nötig gewesen. Larva jedoch besteht darauf. Der Lemur hält das, in seiner Arroganz für überflüssig, möchte Larva aber nicht vor den Kopf stoßen. Der Pakt ist ihre Idee und wie die Katze, die noch ein wenig mit der Maus spielt bevor er sie frisst, möchte der Lemur das gleiche mit Goethe tun. Daher zögert er nicht Goethe Hinweise zu geben und Zusagen zu machen. Allerdings mischt er diese immer wieder mit gegenteiligen Aussagen, so dass Goethe nicht weiß, was nun von all dem ernst gemeint ist und was nicht.

Larva: Pakt ist Pakt, so sei´s gehalten,

Mit dem Wissen könnt Ihr walten:

Findet Euch und findet *sie*,

Versteht Euch durch die Eine-

Versteht Euch durch Domitalla,

Des Kaisers Frau, die Reine.

Liebe die so wahr und ernst

Wie Liebe nur kann sein.

Liebe, die von Sterblichkeit

Am Ende waschet rein.

Die *Kaiserin*, in groß´ Format!

Wie übermenschlich ihre Tat! *(Larva seufzt)*

Mit Deinesgleichen sie zu nennen

In einem einzg´en Atemzug *(Larva zögert)*

Man kann´s nicht, wäre es doch Trug
Die Lüge zu bekennen.
(Der Lemur verdreht die Augen, schüttelt den Kopf, denkt:)
Des Kaisers Frau, die Reine,

Mehr gab´s als ihrer Eine.

Nun setzt ihr schnell noch ein Podest

Das gibt dem Dichterlein den Rest!

Larva *(ernsthaft, ruhig fortfahrend)*

Seid, Jüngling hier sehr wohl gemahnt,

Lasst Wunsch und Triebe rennen,

Verhaltet *einmal* nur Euch klug

Vergesset Eure Hennen!

Denn *Größeres* als Ihr nur ahnt

Sie unterm weisen Herzen trug.

Kennst Du die Antwort auf die Fragen?
Weißt sie mit eig´nem Wort zu sagen?

Der Lemur fällt Larva nun ins Wort. Diese seufzt erneut und überlässt dem Lemuren nun zunächst das weitere Sprechen)

Lemur: Ach, gib nur auf, kannst Dich nicht retten!

Wirr Rätsels - kraus der Wörter Ketten.

Sieh Dich jetzt an: Verstand dahin,

Die Zunge mag nur lallen.

Magst Dich vergebens heute Nacht

Ans scheidend´ Leben krallen.

Alles nun Rauch, Verlust und Schallen!

Der Totengeist über Dich lacht- **(schadenfroh)**

Hast selbst Dich eifrig übertroffen!

Nach einem einzig´ wilden Fest

Nun gar nichts mehr zu hoffen.

Hast leer Dich, *alt* und *krank* gesoffen

Einsam auch noch obendrein.

Wo ist es hin, Dein Mägdelein?

Weder Tür noch Tor steh´n offen,

Keine Freunde, keine Dirn,

Bleich das Haupt, so krank das Hirn.

Nicht einmal die Ruhestätte

Der ach so kleinen Kreatur

Versperrt selbst Dir ihr Mauseloch,

Aus dem die Angst ins Zimmer kroch.

Wehklagen und ein Zittern nur -

Vervielfacht nun und ohne Hoffen!

Larva, was tust Du? **(Larva hat sich weggedreht, der Lemur ist verunsichert. Schweigen.)**

Lemur: Wie ist Dir und was stehst Du so,

Tat, wie ich´s tat, nicht recht?

Du drehtest fort Dich zu der Wand

Als dächtest Du nun schlecht.

Larva: Bedenk´ wir haben ausgemacht

Uns diesem Spiel zu stellen.

Was willst Du nun das Dichterlein

Um seinen Pakt gleich prellen?

Seid Ihr plötzlich vor ihm bang?

Dauert´s Euch am End´zu lang?

Sie dreht sich zu Goethe.

Larva: „Schreibt!"

Goethe setzt sich langsam auf und nimmt die

Feder zur Hand.

Dem Lemuren missfällt das.

Er wendet sich ebenfalls zum Dichter hin.

Larva und er stehen nun in direkter Konkurrenz.

Lemur: Du greifest zu der Feder, Wicht!

Was willst Du niederschreiben?

Denkst du denn *DEINE* Worte könnten gar

Uns *Geister* selbst vertreiben?

Zeichen auf bleichem Pergament

Ganz hohl von unnütz´ Streben.

Sei es dann wohl Dein Testament,

Mehr ist Dir nicht gegeben.

Merkst Du nicht wie schwer Dein Haupt?

Wie aller Kraft Du bar?

Die Nacht hat Dir zuviel geraubt

Den Atem besser spar!

Schreiben? Oh! – kannst reden kaum,

Auf Deinen schmalen Lippen Schaum,

In Deinen Armen tückisch ´ Gicht,

So glaube uns, *bald* toter Mann,

Was just in Deinem Ohr erklang

Vernehme es im Traum:

Hier Geschreibsel, dort Gedicht,

Doch aller Tand, der *hilft* Dir nicht.

Bald bist auch Du nur noch Gebein,

Weniger selbst nach einem Jahre.

Was eben jung fällt uns anheim,

Locken zu grauem Haare.

Hoffnung blutet sich nun tot,

Führt Dich durch manch´ Abendrot

In tiefste, unberührte Nacht,

Aus der auf seiner Bahre *niemand* mehr

Niemals mehr erwacht.

Zeit ist´s schon, mein Dichterlein,

Dir bleibt nichts mehr, Du stirbst allein.

Zum kleinsten Teilchen der Natur

Wird alles an Dir schwinden.

Kein Mensch dann mehr auf weiter Flur,

Kaum Staub mehr auf verlosch´ner Uhr

Magst Dich vor Furcht nun winden!

Larva schüttelt den Kopf und starrt den Lemuren zornig an. Dieser hat sich so in Rage gesprochen, dass er sich trotz Larvas warnendem Blick nicht stoppen kann. (Goethe beginnt zu schreiben)

Lemur *(schneller):* Misstraust mir, Schreiber?

Oh! Verlier´! Am End´ noch durch die Weiber!

(ironisch)

Dein Stift saust über das Papier-

Bewunderer? Nein: Neider!

Zweifelst gar an dem Lemur?

Zauderst noch? Ha! Glaub´ es nur!

Abgelaufen sind sie bald

Deiner letzten Tage Stunden.

Auserkor'n vom Schnitter selbst,

Dem es *wohl* gefällt zu nehmen,

Im Stundenglas *Dein* Nichts entbunden,

Bald schon wird er sich bequemen.

Kein Hoffen um die große Liebe,

Sie wird die Deinige nie sein.

Der Zeiten unbestechlich´ Diebe

Holen sie schon vor Dir heim.

(Larva wendet sich nun vollends empört vom Lemuren ab, zugleich auch von Goethe, der scheinbar unbeeindruckt weiterschreibt.)
Lemur: Doch was *tust* Du, und *warum*

Führst Du Deine Feder weiter?

Was geht Dir denn im Kopfe um?

Gibst Dich ruhig, sogar heiter,

Zündest selbst der Kerzen Schein?

Sollst nicht schreiben, Menschelein!

Er baut sich vor Goethe auf
(Nun lauter, drohend)

Widersetzest Dich mit Unverstand!

Aufgelöst bald Deine Hand,

All Dein Hoffen, all Dein Lieben

Nichts ist dann von Dir geblieben.

Goethe lässt sich nicht beirren.

(Larva verlässt kurz den Raum, der Lemur sitzt zusammengesunken, fast schon resigniert; mit einem Mal ist er nicht mehr so siegessicher.)

Lemur: *Weshalb* nur schreibst Du ungerührt?

Kannst nicht mal *jetzt* von lassen!

Und wirst Dich bald, wie Dir´s gebührt

Doch schließlich selber hassen.

Für das Wort, das nur verführt -

Wünschtest Dir Du seist *gekürt!*

Doch verlängerst *unser* Leid

Durch den Raum und durch die Zeit.

Mit schwarzer Tinte, langer Feder,

Auf Pergament in dunklem Leder

Treibst uns von dem Lager hier

Mensch, Du bist ein Ungetier! **(hebt den Ton)**

Fieber-Augen, schwarze Bohnen,

Wen soll´n denn die Zeilen lohnen?

Wenn Lettern auf den Seiten steh´n,

Bleibt uns nichts als wegzugeh´n.

Hilft´s *Dir* indes nicht allzu viel,

Uns brauchst Du- *nicht* den Gänsekiel!

(kämpferisch)

Ist die Feder hier *Dein* Schild?

Werden *zwei* wir nehmen.

Wenn die Feder noch so schwillt.

Kannst uns nicht bezähmen.

Zieh´n uns immer aus dem Sumpf.

Der Lemur, *er* hat den Trumpf!

Einen Kaiser zum Geleit,

Gebieter aus der alten Zeit.

Kaiser, beinah´ *gottesgleich.*

Seiner Kronen hellstes Licht

Nein, das überstrahlst Du nicht!

Hier in Deiner dunklen Kammer

Nicht mehr als ein bleicher Jammer!

Mächtig ist *er* nach wie vor,

Also sprechet, armer Tor:

Was denn soll es noch bezwecken

Dein eifrig´ Schreiben in der Nacht,

Eh nicht Larva im Verstecken

Dir leidlich ihre Fragen bracht?

Schreibst Du Deiner Margeriten,

Glaubst Du noch an Aphroditen?

Oh, welch´ töricht´ Unterfangen,

Nie sie Dir ins Netz gegangen!

Doch nicht dem blassen, fahlen Harm,

Weg zög es sie aus Deinem Arm!

Wenn sie von Deinen Dirnen wüsste,

Niemals diesen Mund sie küsste!

Wartet nur! Sie wird´s erfahren!

Totengeister reden viel.

Nichts kann Dich davor bewahren,

Es murmelt selbst der Gänsekiel.

Gebt es auf, und lasst es sein!

Zu keiner Zeit *Dein* Mädgelein!

Lass´ es hin, dieses Gebahren!

Gebt es von Euch, lasst es fahren!

(anklagend, da Goethe noch immer schreibt, jedoch nun zögernder)
Haben uns an Dich verschwendet!

Mit Rätseln uns an Dich gewendet.

Ach, suchten wir den falschen Dichter,

Diesem schwinden schon die Lichter!

(Der Lemur wendet sich in gespielter Verzweiflung an die soeben wieder eingetretene, noch immer erzürnte Larva). Ihr ist die Einhaltung des Pakts, im Gegensatz zum Lemuren nämlich wichtig. Sie möchte, dass

Goethe eine Chance bekommt, wohingegen der Lemur ihn durch eine Art Zermürbungstaktik zu einem frühzeitigen Aufgeben bewegen möchte und er dabei seiner boshaften Seite Tür und Tor öffnen kann.

Larva: *Wendet sich erneut an Goethe. (streng):*

Rätsel wurden Dir gegeben

Um zu retten dieses Leben!

Was ist denn mit der **Kaiserin**?

Wirfst schon den ersten Hinweis hin?

Domitalla, das sei Dein Streben-

Der *erste Hinweis* ist gegeben!

Die Schwäche - *Gift* in Deinen Ohren,

Hast Du gar schon *jetzt* verloren?

Versuchst nicht mal Dich aufzubäumen?

Wagst nicht erst davon zu träumen?

Befrei´ Dein Ohr von allem Frevel,

Lüft´ zum Fenster raus den Schwefel

Den, in dieser Fiebernacht,

Lemurens Rede Dir gebracht!

(Sie wirft dem Lemuren einen entsprechenden Blick zu)

Nun einlenkend, sanfter:

Larva: Larva neckt Dich mit Geleit,

Sei tot, genarrt oder befreit.

Find´ den Ort und find´ die Zeit,

Dann erst das Wort – bist Du bereit?

Goethe lässt die Feder sinken und nickt mit müder Geste.

Er fasst sich an die noch immer fieberglühende Stirn. Larva ist mit dieser Antwort offenbar zufrieden.

Der Lemur ist ungehalten; lässt sich jedoch von Larva leiten. Er und Larva treten ab.

Während Goethe schläft verlieren die beiden keine Zeit.

Sie befinden sich auf dem Weg zum Grab des Kaisers Vespasian, den sie für ihre Zwecke nutzen wollen.

Doch müssen sie auch ihm einen Tausch anbieten soll ihr Plan aufgehen.

Larva hat eine Idee. Sie weiß, dass die Strategie des Lemuren nicht ausreichend sein wird.

Zudem kommt ihr der eigene Plan sehr gelegen.

Vorhang

69

Erster Akt - Zweite Szene

Lemur und Larva am Grab von Vespasian:

Lemur: Kommt zu Euch, Kaiser! Kehrt zurück!

Leitet *Ihr* unser Geschick.

Leiht uns Euren scharfen Blick.

Streut ihm Salz in seine Wunden,

Dem, der nicht mehr soll gesunden!

Wir wollen Euch zu Hilfe eilen,

Auf dass der Schaden nicht mehr heilen,

Nur schwären möchte allentweilen.

Wollen nicht mehr von ihm lassen,

Dieses dürft Ihr nicht verpassen!

Werden Euern Ruhm bekunden,

Lasst Euch *Vitam* wieder munden!

Zum Lohn erfüll'n wir Euch mit Leben,

Zwei Tage seien Euch gegeben,

Zu besuchen diese Stadt

Die in vielen hundert Jahren

Auch *Euch* noch nicht vergessen hat! (...)

Larva *(fällt dem Lemuren ins Wort):*

Und mit Euch das Liebste sei,

Klar erscheint´s nun durch den Rauch,

Ist es verhexte *Gaukelei?*

Doch *vielleicht* das *Echte* auch? **(fordernd)**

Und durch die Nebel des Verstands

Steht für die Söhne Eures Lands!

Wir rufen Euch mit einig´ Ton,

Es öffnet sich der Marmor schon.

Lemur und Larva: *Erhebet Euch!*

(Vespasian erhebt sich aus dem Grab. Er sieht unversehrt aus, was den Künsten der Totengeister zu verdanken ist.) Verwirrt blickt er sich um. Lange braucht er um zu begreifen was die Totengeister von ihm wollen.

*Vespasian: Und mit mir das Liebste sei? Ohne sie ist´s einerlei! Und ihr, ihr wisset das genau, ich will **sie** seh´n – meine Frau!*

Der Lemur und Larva nicken und ziehen Vespasian hastig mit sich fort. Larva (flüstert):

Sie zu wecken dauert an,

Entziehen sie der Shpären Bann.

Derweil ist es bereits begonnen

Noch ehe Du den Dichter siehst

Entsteigt sie hellsten Sonnen!

Nur warte noch die kurze Zeit

Schließlich für *Dich* sie steht bereit:

Geliebte Frau, Dir zum Geleit.

Umsonst nicht hergekommen,

Gegeben wird was Euch genommen.

Und sei´s für kurze Zeit,

Doch darin *keiner* Euch entzweit!

Vertraut darauf, es wird geschehn!

Ihr werdet schnell sie wiederseh´n,

Denn *niemals* wird ein Wort gebrochen,

Das Larva jemals hat gesprochen.

Wir Totengeister war´n schon hier

Als ihr noch jung, am Leben,

Zu *einen* Euern Bund erneut

War damals mein Bestreben.

Begrenzt ist aber uns´re Macht

Wenn Leben schon zeronnen

So konnten wir Euch bringen nicht

Dorthin wo´s hat begonnen.

Doch zwei Tage - ein Geschenk,

Dem Leben immer eingedenk!

Lemur (denkt): Ziemlich voll nimmt sie den Mund

Obschon sie keinen hat.

Nur einen Schädel, kahl und rund

Wie ihre Lügen, *glatt.*

Ihn begeistert Larvas Aussage. Vespasian gibt sich mit dieser Erklärung Larvas zunächst zufrieden.

Er, der Lemur und Larva treten ab. Vorhang

Zweiter Akt- *Erste Szene*

Goethe findet sich in einer Bibliothek, Monolog:

Goethe: Welch´ Kaiserin, von der

Er sprach, mag sie mir hier begegnen?

Aus trockner Seite Bücher –ach,

Möcht´ mich das Schicksal segnen!

Hier, wo ich jetzt das Buch entzweit,

Soll sie mir neu erstehen.

Steig aus der Lettern Gruft hervor,

Dem Bücherleib die Wehen!

Mit bleichen Händen schieb es weg,

Erfüllte es schon seinen Zweck

Schnell nun zur Seite das Gedicht.

Und zeig mir, *zeig mir* Dein Gesicht.

(Goethe denkt: „Wie schön sie sein mag-

Bezaubernd wie die eine Stunde vor dem Tag!")

Lass´ mich, oh Kaiserin nicht gehen,

Dein Leid möchte´ ich mit vollster Qual

Und *Deinen* Augen sehen.

Starbst Du zu früh vor deiner Zeit?

Was führt´ in dieses Tal?

War krank Dein Geist, war schwach Dein Leib?

Warst Deinem Mann nur Zeitvertreib?

Gab dieser Dir die Liebe nicht?

(etwas lauter)

Ich suche Kaiserin, nun Dich!

Warst mächtig Du in Deinem Leben-

Doch konntest es nicht weitergeben.

Wer war, so sprich, dein einz´ger Sohn,

Der früh fiel von dem Sonnenthron,

Dem keine Kinder folgten nach,

Wer war er, *was* sein Ungemach?

War grausam er- oder doch weise?

Sag es mir- doch, flüstre leise.

Hier in dumpfen Bücherkammern Hört man Ächzen, gräulich Jammern.

Das Wort aus lang vergang´ner Zeit,

Gedanken, Reim´ und Widerstreit.

Zuviele Zeugen hat der Raum,

Sanftes doch vernimmt er kaum.

Raune es mir, Herrscherin,

Leise an mein Ohr dahin.

Und rette so, das ist mein Streben,

Rette so mein junges Leben.

Geloben werd´ ich feierlich

Dir mein´s im Tausch zu geben.

Anders sonst als üblich wohl

Sei hier ein solcher Handel.

Doch, Holdeste, sei Dir gewiss,

Auch Dir bringt es den Wandel.

Nenn´ mich ab heute einen Sohn,

Vermehr´ die Schar der Deinen,

Gib dafür *mir* den Mutterlohn

Zeige Dich nur dem Reinen!

Dem treuen Sohn, der nicht vergisst

An Deinem Grab zu weinen,

Der Opfer bringt in Jahren Dir –

Wie könnt´ ich´s besser meinen!

Wenn ich nur wüsst´, ach, auch nur ahnte

Wenn mich der Kenntnis Wissen mahnte

Wie dorthin zu gelangen,

Wo alles endete mit Dir,

Wo Trauerlieder klangen,

Beklagten endlos edle Zier.

Ich bitte Dich, so sag es mir!

Larva tritt hinterrücks an Goethe heran:

Larva: Folge mir, ich halte Wort,

Fern ist *sie* von diesem Ort-

Zerlesne Bücher, totes Gold,

Mitnichten ist sie Dir hier hold.

Folge mir zu ihrer Stätte,

Sie ruhet dort im ew´gen Bette.

Goethe erhebt sich und verlässt, Larva folgend, die Bibliothek.

Zu Fuß läuft er, rasch ermüdend in die von Nebel und Dunkelheit gehüllte Nacht. Er irrt Larva hinterher, nicht sicher, ob sie ihn nur narrt oder die Wahrheit sprach. Larva überspricht seine Zweifel (drängend)

Larva: *Einmal* noch werde ich helfen,

So geziemt´s nach römisch´ Brauch,

Herbei ruf´ ich die schreibend´ Elfen,

Und die, die alles einsagt auch.

Flügels Schlag ich leis´ vernahm

Und dem, der aus der Fremde kam,

Lichte sich nun denn aller Rauch.

Sie stehen vor einer Kirche, deren Türen verschlossen und deren Kerzen gelöscht sind.

Requisite

Goethe wittert eine Falle,

Larva hingegen versichert:

Mensch, zu dieser späten Stunde

Und an dieser heil´gen Stelle

Ist verschlossen, nach Gesetz,

Selbst auch dieser Kirche Schwelle.

Ruhe hier nun bis zum Morgen,

79

Still und leis´ wird für Dich sorgen

Die, *der* Du nun anvertraut.

Niemand wird im Schlaf Dich morden,

Keiner Dir das Hemdlein raubt!

(denkt nach)

Nur einen *Mantel*, fremder Mann

Den mag Dir keiner borgen.

Drum Dir die Socken höher spann´

Und schnüre fest Dein Tuch,

So dass der Wind nicht *hart* Dich streift.

Denn *Fremd-Sein* wie man´s hier begreift,

Dein Fremd-Sein ist ein Fluch. *(belehrend)*

Darum es nicht ersuch´!

Nun warte bis der Hund *hier* belle.

Zur rechten Zeit wird *sie* zur Quelle,

(zeigt zur Tür)

Öffnet alsbald *sie der Geselle.*

Goethe bleibt schicksalsergeben vor der Kirche sitzen. (Larva tritt ab)

Elfen arbeiten gemeinsam an einem Schriftstück, welches ihnen von einer weiblichen Stimme diktiert wird.

Goethe glaubt, noch immer im Fieber, zu halluzinieren.

Zweiter Akt - Zweite Szene

Goethe befindet sich nun auf dem Vorplatz einer Kirche. Trotz seiner Erschöpfung kann er zunächst nicht einschlafen.

Schließlich jedoch wird er ruhiger, da erscheint ihm der Lemur mit bösem, kalten Blick.

Lemur: Still liegst Du in Morpheus´ Armen,

Fast schon könnt´ man sich erbarmen,

Doch *da*rauf, flackernd´ kläglich Licht,

Darauf, Zwerg- verlass Dich nicht!

Triumph ist aus seinem Blick zu lesen. Er und Larva haben kurz zuvor den alten Kaiser Vespasian befreit.

Sie wollen, dass er auf Goethe trifft. Der Lemur glaubt, dass das den Dichter schwächen wird. Noch sinnen er und Larva darüber wie ein Zusammentreffen stattfinden könnte.

Larva verschweigt, dass sie die Kaiserin tatsächlich miterweckt hat. Goethe wiederum lässt sich Angst, Ärger und seine zunehmende Erschöpfung nicht anmerken.

Goethe: Schon hellt sich alles hin zum Tage,

Vorbei dann Deines Anblicks Plage.

Lemur, du bist ein böses Tier-

Dies Gotteshaus verwehrt sich Dir!

Lemur: Der junge Dichter, oh - gescheit!

Red´ Dich heraus- denn noch ist´s Zeit.

Noch hält die Nacht Dich fest umschlungen,

Fürchten sollst´ der Geister Zungen-

Sie zischeln und sind überall-

Noch lange bis zur Sonne Strahl!

Goethe: So schneide ich sie schnell heraus,

Die Zunge, die so teuflisch spricht,

Spucke derweil auf Hund, Katz, Maus-

Geifere selbst auf dies Haus-

Doch *Deine Worte* stör´n mich nicht!

Lemur *(hämisch auf seinen Mund zeigend in dem sich keine Zunge befindet.):*

Versuch es nur, hier sitzt sie gut –

Hast Messer nicht und keine Kraft-

Niemand vor Dir hat das geschafft.

Siehst sie nicht und hörst sie nur,

Überschätzt Deine Natur!

Was nützt Dir dieser Übermut-

Ich warne Dich: *Sei Auf der Hut!*

Goethe: *Wer* ist nun tumb, Du Kreatur,

Nimmst alles Hier zu wörtlich nur!

Aus *mir selbst* schneid´ ich heraus was man an

Bosheit in mich trat. Fort! Und nimm Dein Ungerat!

Dich brauch´ ich nicht mal anzusehn! Um dieses Gift

Ist´s schon geschehn!

Ein Hund bellt von weitem.

(Der Lemur zieht sich erzürnt zurück)

Schließlich bricht der Tag an.

Ein Kirchendiener öffnet die Türen.

Goethe tritt hinein.

Er liest die Inschriften auf den Marmorplatten und findet das Grab.

Goethe (*zu sich selbst*): Hier liegen sie, die Könige, Wie Larva zugesagt.

Doch immer noch der Kaiserin lieb´ Stimme mir Versagt!

Goethe sinkt auf eine Kirchenbank nieder, den Kopf in den Händen verborgen.

Er bemerkt nicht, dass sich eine Frau neben ihn setzt.

Die Frau spricht nicht. Sie ist altertümlich und vornehm gekleidet und scheinbar in Gedanken vertieft.

Doch rückt sie immer näher an Goethe heran, bis sich ihre Füße berühren.

Sie lässt ein Stück Papier auf den Boden gleiten ohne es wieder aufzuheben. Dann steht sie hastig auf und geht.

Goethe nimmt das dicht beschriebene Blatt in die Hand und liest:

Der Kaiserin Ruhen ist ein Mahnen.

Lasst sie gleichsam bei den Ahnen,

Sucht nicht mehr nach ihrem Ende.

Das Ende schätzt solch Neugier nicht.

Doch mehren, mehren konnt´ sie sich.

Zwar nicht so sehr wie sie´s geseh´n,

Doch Menschenplan oft nicht gelingt.

Wir müssen nehmen was gescheh´n,

Während die Nachtigall uns singt.

So fragt auch niemals nach dem Leben.

Lasst diese Gedanken zieh´n.

Lauscht meines toten Herzens Beben!

Nehmt es! Kurz ist´s nur geliehen.

Und lebt´ Ihr´s nicht, wird´s nicht verzieh´n!

Selbst noch hundert Erdenjahre

Wiegen leicht auf dieser Bahre,

Weniger als ein Wintertag,

Leichter denn der Flügelschlag

Der frisch geschlüpften Nachtigall.

Bald wird es wieder von Euch ziehen,

Wird Euch des Lebens Atem flieh´n.

Schreibt IHR nun, Fremder, ein Gedicht

Zeiget dabei das recht´ Gesicht

Denn Göttliches ist Euch gegeben.

Schreibt IHR nun etwas auf das Leben,

Spart mit Eurem Können nicht.

Den Scheffel niemals übers Licht!

Doch lasst Euch auch das Herz berühren,

Vom Geist allein Euch nicht verführen!

Lest es IHR, sie wird es hören,

Niemand wird dies Wort zerstören.

Doch lest nicht in des Grabes Raum,

Gelesen sei es auch dem Baum.

Geht in den Garten vor den Hallen,

Lauschet dort den Nachtigallen –

Dann erst lest es laut ihr vor!

Auch wenn ihr Körper nicht mehr hier-

Sie hört es gut - mit andrem Ohr.

Schreibt es so als schriebet Ihr

Der Einen die ihr ehrt,

Der einen Schönen, die mit Euch niemals zwar verkehrt,

Schreibt dennoch voller Lieb´und Barmen

Der fremden, edlen Römerin,

So als würd´ sie Euch umarmen,

Darin liegt der rechte Sinn.

Schreibt als schriebt Ihr allen Frauen,

Wie´s Schicksal sie vereint

Doch in allen nur die Eine,

Für die ihr nächtens weint.

Schreibt als zög´ es Euch zu ihr,

Als die unantastbar Feine.

Dichter, reimt recht königlich!

Sie schätzt es sehr- so wie auch ich.

War ich doch einst, und bin noch Frau

Um Solcherlei weiß ich genau.

Sie schätzt´s wie ich, das glaube mir.

Sonst weilte ich doch niemals hier

Und ließ Euch diese Zeilen

Zur rechten Zeit ereilen.

(Goethe liest weiter)

Kaiserin nannte man mich nicht,

War nur des Kaisers Frau,

Doch gab es manche, die mich ehrten,

Den Ruhm so trefflich für mich mehrten.

Mein Ruhm indes war andrer Art,

Mit Namen schwerlich zu benennen.

So suchte ich von Zeit zu Zeit

Den Sinn des Sinns zu kennen.

Sucht _Ihr_ nun nach den Nachtigallen,

Etwas außerhalb der Bauten,

Ach, wird Euch ihr Lied gefallen,

Als gleich sie in die Seele schauten!

Sei es Eurer Dichtung Hort!

Doch ruht noch etwas in den Hallen

Verbleibt an dem kühlen Ort.

Denn drückend Tag schwer auf Euch geht,

Spart Euch die Kraft, spart auch den Mut,

Auf dass er nicht zu schnell verweht,

Das wäre gar nicht gut. **(leise)**

Noch vor des Abends erstem Hauch

Mit hellem Mut, gestärktem Bauch,

Erfrischt von leichten Weinen,

So sollet Ihr erscheinen!

Und möget dort gleich in Euch gehen,

Lasset nichts Falsches bei Euch steh´n

Das Herz hierbei ganz offen,

Auf dass dem ganzen, ehrlich´ Wort

Die Liebe möge hoffen.

Haltet sie hoch, lasst sie nicht fort!

Im Purpurlicht, im reinen,

Werden Gesang und Dichtung sich

Alsbald vortrefflich einen!

Gezeichnet von - wie schon so oft-

Der, die nur Gutes für Euch hofft.

Goethe erhört diesen Rat. Er faltet das Papier zusammen, riecht daran, da er einen feinen Duft nach Oliven daran wahrnimmt, steckt es in seine Brusttasche. Er denkt über den Inhalt nach, versteht die Abschiedsformel als in einem übertragenen Sinn

91

gemeintes, als eine Hilfe der Frauen. So bleibt noch eine ganze Weile in der Kühle der Kirche, stärkt sich dann in einer feinen Taverne, trinkt einen leichten Wein, ruht an einem Brunnen, bis er sich dann auf die Suche nach den Nachtigallen begibt.

Larva erscheint.

Larva: Wohin des Wegs, gelehrter Mann?

Ob ich den Weg ihm weisen kann?

Goethe traut Larva diesmal nicht. Er weiß, dass sie ihn in die Irre führen könnte. Um sie nicht zu verärgern, bleibt er jedoch höflich.

Goethe: Bedanke mich, doch ist´s getan.

Genug ich Euch in Anspruch nahm!

Das steht deutlich, das steht klar,

So seht mich aller Wünsche bar.

Larva: *(möchte ihn unterstützen)*

Und doch höret:

Nutzt Dir die Menschen, nutzt Dir die Frauen,

Eines Dichters würdig nicht,

Könnt auf ande're Dinge bauen,

Gut ständ' es Euch zu Gesicht.

Denn Essenzen Eurer Worte

Nur aus *Tiefe* sie geboren,

Hängen sie an eitler Borte-

Zerinnen sie, sind gleich verloren.

Füllt die Worte auf mit Sinn,

Streckt Euch zu dem Ganzen hin,

Verbleibt nicht darin zu gefallen,

Sonst wird hohl und tönern schallen

Das, was Euer Werk soll werden,

Zeugnis von Euch hier auf Erden.

Die Frau ist Teil des göttlich' Ganzen,

Ohne sie ist's wüst und leer.

Wollt ihr mit Euch selber tanzen?

Glaubet mir- das wäre schwer!

Sie ist's, die gebar das Leben-

Ihr sei es zurückgegeben.

Ihr sei´s gewidmet und geweiht,

Doch mehr ist sie denn *Zeitvertreib*.

Tanzen sollt ihr, gerne küssen,

Doch das Herz, das ihr zerissen

Heilet nicht, wenn ohne Hehl

Ihr schadet einer Frauen Seel´.

Ist´s die *Viele-Viele-Eine-*,

Wehe mir - dann ist es keine!

Wenn Ihr *das* jetzt nicht so erfasset,

Getrost die andren Rätsel lasset!

Doch wenn ihr hört mein ganzes Streben,

So schreibt IHR etwas auf das Leben,

Etwas, dass das Ganze sei –

Weniger ist Tändelei!

Ich denke doch Ihr spürt´s genau.

Das *Ding*, so wisst, ist *nicht* die Frau-

Sie ist in allen Dingen.

Ihm Wesen mag sie klingen.

Wie Künstler hier und allerort´

Beschreiben und besingen.

Versperren meistens *ihr* das Wort,

Doch sie, sie hat das Letze,

Ihr Geist wird ewig spürbar sein

Zum Tod sie sich nie setzte.

„Das Weib gibt mir Unsterblichkeit"-

Wie längst Ihr´s schon geahnt.

Will weiten Euch durch Raum und Zeit

Doch Ihr´s zu wörtlich nahmt.

Nun gilt es *wirklich* zu verstehen.

Begreift es ganz versessen!

Und ist es auch nicht einerlei

Was des Lebens Tauschpfand sei.

So lasst´s daran nicht messen.

Bald sei es zurückgegeben-

Aufgebraucht dann Eure Zeit.

Just jedoch sie noch im Streben

Also jetzt ist´s nicht soweit.

Schreibt auf´s Ganze, schreibt auf´s Leben-

Dem sei Eurer Wort geweiht

Ihm und Ihr - die, die´s gegeben.

Schreibt so für die *Ewigkeit*!

Goethe: Nun dank ich, Larva, für die Mühen.

Werd´ nun alleine weiterziehen.

Braucht mich nicht mehr zu begleiten,

Fühle Euch an meiner Seiten,

Und mein Ohr hab´ ich geliehen

Dem was nun bereits gesagt,

Lasst mich jetzt von Dannen ziehn´

Deutlich sich neigt der Tag.

Larva verabschiedet sich mit einer freundlichen Geste von Goethe.
Der Lemur (heimlich hinzugetreten; denkt an Larvas Appel und verdreht voller Ekel die Augen)

Lemur: (höhnisch) In *Ewigkeit* und Amen!

Vorbei ist´s mit den Damen.

Larva wär´ein guter Pfaffe.

Halt den Klingelbeutel auf,

Schenk den Wein in die Karaffe,

Brich das Brot! `S´nimmt seinen Lauf....

(Zu sich selbst, fast tonlos)

Lemur: Klopft den Staub aus den Gebeinen,
Bringt den Dichter nicht zum Weinen
Allzu zart ist sein Gemüt!
Und vor des Morgens erster Röte
Ist sein Geist vollends verblüht!

(lacht leise und gehässig)

*(Larva hat den Lemuren nicht bemerkt. Sie tritt
ab, unbemerkt vom Lemuren verfolgt.)*

*Goethe führt seinen Weg allein fort, geleitet vom
Wunsch die Nachtigallen zu finden und die
gewünschten, reinen Zeilen zu verfassen.*

*Der Kaiserin und Larvas Worte beschäftigen ihn.
Auch weiß er die Situation nicht mehr einzu-
schätzen. Alles droht ihm zu entgleiten, und so*

*hofft er darauf sich im Garten der Nachtigallen
ein wenig sammeln zu können.*

*Was er nicht weiß ist, dass er in die
Vergangenheit wandert.*

In das Rom aus vergangener Zeit.
*Der erweckte Vespasian, der sich ebenfalls in
dem Garten befindet, sollte diesen, nach Larvas
Willen, so vorfinden wie er ihn bereits zu seiner
Zeit kannte.*

*Goethe nähert sich dem vergangenen Rom.
einem Nachtigallengarten aus alter Zeit. Dort
lässt er sich nieder.*

Vorhang

Zweiter Akt- Dritte Szene

Larva und der Lemur beraten sich. Der Lemur lässt sich seine Verärgerung über Larva nicht anmerken.

Lemur: Vespasian galt´s zu befreien,

Und mussten wir sein Grab entweihen,

Das taten wir, nun soll er kommen,

Sich stellen unserm Dichterling -

Wir haben ihn beim Wort genommen.

Lemur und Larva *(gemeinsam):*

Und Sieg seither stets mit uns ging,

Lemur: Vespasian ist gut gewählt,

Den Dichter er zu Tode quält,

Denn jene Zweifel, die ihn plagen,

Wird er nun auf schnellem Weg

Dem *Dichter* gleichwohl übertragen.

Fast dauert mich der junge Tor,

Fast nur- verstehet mich nur recht!

99

Mehr lebt auf mein Herz und Ohr

Wenn´s jenem gehet *schlecht.*

(Er lacht laut und triumphierend) Doch der Lemur täuscht sich in Vespasian. Was Goethe betrifft ist er allerdings nah an der Wahrheit.

Der Dichter wird so sehr von Selbstzweifeln geplagt, dass er nicht imstande ist zu schreiben. Larva, ein eigenes Ziel verfolgend, antwortet.

Larva: So gut gewählt, klar unser Sieg

Über den, dem´s wohl zu Kopfe stieg.

Vespasian, der wird ihn lehren,

Die tödlich´ Zweifel in ihm mehren.

Nicht anders hat er´s denn gewollt

Mit seinem namenlosen Streben.

Warum denn konnte er nicht so

Wie *all die andern* leben?

Was zog ihn nur zu Höher´m hin,

Das ihn nun *tief* lässt fallen.

Fast höre ich sein Zittern schon,

Höre ihn Fäuste ballen.

Mein feines Ohr ist ein Gewinn!

Fein geschärft nun dieser Sinn

Den kleinsten Ton ich jetzt vernehm´,

Es ist ihm kalt – und nicht genehm-

Dort bei den Nachtigallen,

Wird´s später ihm gefallen? *(lächelt rätselhaft)*

Lemur: *Verloren* ist er – *ganz* verloren!

Darauf verwett´ ich Larvas Ohren,

Und überdies noch jeden Preis.

Larva (*denkt*): *Wird ihm wohl noch werden heiß,*

Wenn eingefordert eben dies!

2000 Jahr- ein Paradies?

Ein Hort der ewg´en Stille?

Ob das fürwahr sein Wille?

Weiß wohl, dass ich es mir erschlich,

Doch denkt er jemals denn an mich?

(Gleichmütig wirft sie den Kopf zurück.)

Lemur und Larva treten ab. Vorhang

Dritter Akt - *Erste Szene*

Im Garten der Nachtigallen Goethe, sonst nie um ein Wort verlegen, sieht sich mit einem Mal nicht mehr imstande etwas zu schreiben. Sein Kopf ist ihm schwer, die Hände zittern. Bald glaubt er sich dem Lemuren und Larva ergeben zu müssen.

Goethe: Warum denn nur fällt mir nichts ein?

Es ist bloß ein *Gedicht,*

Ein Wörtchen hier, ein Wörtchen dort –

Fällt gar nicht ins Gewicht!

Doch leer und schwer ist mir der Kopf,

So schwach auch meine Hand.

Verlier ich in dem Garten hier am Ende den Verstand?

Das Antlitz neu, die Flure weit,

Fern fort hier all die Meinen

Niemand steht an meiner Seit´

Ich möchte haltlos weinen.

Sogar die Worte fliehen mich, verbergen sich voll *Leid*, Beinah, so mag es scheinen mir, ich lebt´ in *alter Zeit*.

Er sieht sich um, da ihm so ist als sei der Lemur in der Nähe. Doch stattdessen sieht er Vespasian unter einem Baum sitzend und im Selbstgespräch um seine Frau Flavia trauernd.

Vespasian:

Geliebte, schönster Edelstein,

Du zartes, kluges *Weib*,

103

Liebte alles so an Dir

Ob *Seele*, *Geist* ob Leib.

Denn als *Mensch* warst Du all mein!

Mit Dir konnt´ ich-wo ich auch war

Stets *wirklich* bei mir sein.

(Denkt nach)

Einst hob ich sie in meinen Stand:

Ring, Krone, Tücher, Brautgewand.

Doch all die Macht, die mir beschieden,

Fand blinde Engel, die mich mieden.

So starb sie, die, die *alles* mir.

Wozu nur das – wenn ich´s verlier?

(pausiert)

Mein Name, sagt man, wird bestehn,

In tausend Jahr´n nicht untergeh´n.

Doch tauschte ich es, mein Geschick,

Gäb alles hin für ihren Blick.

Unsterblichkeit in allen Dingen,

Vielleicht, ja, mag man sie erringen.

Doch etwas, was der Sklave weiß,

Dass jedes hier hat seinen Preis.

Dem wurde nun auch ich gewahr,

Nachdem sie mir das Kind gebar,

Das jüngste Kind, mit dem ich sprach,

Wenn niemand uns belauschte,

Dem ich von Dingen Kunde tat,

Derweil der Tiber rauschte.

Von Dingen, die mein Herz betrübten,

Des Herrschers Herz, des so Geübten,

Das dennoch weh geschwächt.

Mein Kind wusst´ nichts von jenen Sorgen,

Der Sprache war es lang nicht kund,

Kannte nicht gestern, oder morgen.

Lachend´ roter *Kindermund*.

Ich dacht´ nicht nach. So sprach ich schlecht,

Das Schicksal hat es streng gerächt.

Die Großen hätten´s wohl verstanden,

Doch passend nicht für ihr Gemüt,

All meine Kinder wünscht´ ich mir

Nur glücklich und erblüht.

Dem Kleinsten, dacht´ ich, würd´s nicht

Schaden, hielt ihn so zart im Arm.

Doch nahm es mir der Totengeist,

Nahm es, so klein und warm

Ihm folgte bald, vor Gram schon grau,

Meine Geliebte, meine Frau.

Verlosch so weh sie, schmolz sodann

Zur allerhellsten Sonnen.

Ich sah sie gleiten voller Glück,

Inmitten Himmels Wonnen.

Des Nachts ein Stern am Himmelszelt

Strahlt sie dem Mond entgegen,

Und in dieser neuen Welt erwartet ihren Segen!

Himmelskörper kommen gar

Vor ihrem Licht zum Stehen.

In der weiten Galaxie mit bloßem Aug´ zu sehen.

Sogleich fürwahr hab´ diesen Stern,

Den mit der Himmelskrone,

Ich als die Holdeste erkannt auf ihrem neuen Throne.

Ein Trost, ein Hauch, ein kleines Glück,

Die, die mit mir verwandt.

Doch niemand bringt mir je zurück

Das Streicheln ihrer Hand.

Verbirgt das Gesicht in den Händen

(Der Lemur hat sich hinter Goethe geschlichen. Unbesehen legt er ihm die knöchernen Finger aufs Herz, so dass dieses ganz hart und kalt wird; zugleich erwärmt sich das Herz des Lemuren ein wenig, was aber vermutlich nicht besonders ins Gewicht fallen dürfte)

Goethe: Sein Schmerz ist groß, das ist zu hören.

Doch gleich der Himmel Macht beschwören?

Ein Stern am Himmel auf dem Thron?

Ein Weib? So viele gibt´s davon!

107

Warum sollt' wohl die eine dort

Erhalten diesen göttlich Hort?

Wie kommutabel ist die Frau,

Zerstreuung will ich seh'n!

Dem runden Körper ich vertrau,

Schnell ist's um mich gescheh'n.

Weiß von meinem sehr genau,

Lenkt mich zu wilden Gipfeln

So dass Schnee auf ihnen taut,

Selbst auf dem höchsten Wipfel.

Wen stört, dass sie nicht angetraut?

Wollt sagen niemals „*Meine* Frau! "

Längst' schon schweifen meine Blicke,

Zur nächsten, der ich Wollust schicke!

Ergötzt ich nach der Andern' schau.

Die Erste schon sand ich hinfort!

Es sei ihr Weg, es sei ihr Ort.

Mir tut es nimmer weh.

Den Gipfel hatt´ ich wohl erklommen,

Geschmolzen aller Schnee.

Das ist es was die Frau vermag,

Gleich einer lüstern´ Fee.

Doch wie´s mit denen nun so ist-

Ich lad´ sie nicht zum Tee!

Geschaffen ist sie zu gefallen,

Das Blut bringt sie uns schnell zum Wallen,

Doch mehr darin zu seh´n

Wer sollte das versteh´n?

Sie kennt die Nächte, kaum den Tag,

Um eine solche ich nicht klag´!

Wer ihr ein Schloss im Himmel bau´,

Das Schloss im Himmel *einer Frau!*

Um den ist´s wohl gescheh´n!

Schwer ist´s dies anzuseh´n.

Vespasian, einst großer Kaiser,

Nun sitzt er hier und weint sich heiser!

Gestraft ist er – gestraft, nichts weiter!

Gar tückisch blinkt die Himmelsleiter!

Trotz dieser harschen Worte breiten sich Zweifel in ihm aus. Er muss an Larva, die Kaiserin und an Margarita denken.

Larva ist nun hinzugetreten und hat des Lemuren Hand ergriffen. Sie wirkt dabei sehr entschlossen, der Lemur hingegen ist verärgert. Beide treten, von Goethe unbemerkt, wieder ab. Goethes Herz wird nun wieder etwas wärmer.

Goethe: Oh, Margarita, ach ich weiß,

Bei Euch könnt's anders laufen.

Ach, wollt Ihr meine Küsse nicht,

Lasst Euch von Geld nur kaufen.

Was wollt Ihr von dem reichen Faun, der

Euch zur Frau will nehmen? *(Hält inne)*

Donatus? Er sei ein Geschenk?

Doch hoff 'ich nicht das Eure!

Auf falsche Fährten er Euch lenk!

Besinnt Euch, Ungeheure!

Kommt zu mir, lasst's Euch bequemen!

Ihr Schönste, sinnlich Teure.

Und ewig Ihr mir eingedenk

Auf dass ich Euch befeure!

Lasst uns den Krug gemeinsam trinken

Bis auf den wohlig Grund.

Küssen tät' in Leidenschaft

Ich Bein und Brust und Mund!

Seufzend seid Ihr erst gestrafft

Wollt in den Arm dann sinken

Das kesse Röcklein hochgerafft

Wir würden uns betrinken

In unsrer allerwild'sten Stund!

Oh Bein, und Arm, Geschlecht und Mund.

Zu mir, oh grausam Margeriten,

Wollt Ihr Euch *nicht bequemen.*

Habt anderen Euch feil zubieten.

Dem, den ich hasse- *jenem!*

Lasst vielmals lieber Euch von *ihm,*

Dem reichen Kaufmann nehmen.

Mich flieht ihr *doch*- was ich Euch brächte!

Die Zartheit wilder Liebesnächte!

Besser ja wär' *ich* als er, brächt Euch in die Extase,

Und dem, der Euch sich auserwählt

Zeigt ich die lange Nase!

Lemur *(leise und hämisch)* **zu Larva:**

Hier hört ihr was *sein* Wahres sei,

All das was er geschrieben,

Wie teuer ihm je eine Frau,

Wie treu er sie mag lieben –

Schall ist es, tönern´ - fahles Wort

Sinnestäuschung, Frauenmord!

Im Grunde ist´s ihm einerlei,

Doch weiß er, dass der Liebe Kraft,

Die sich so schmiegt in Zeilen,

Bei dem man tief´ Vertrauen schafft,

Man mag sich dort verweilen.

Sie ist es die er kann beschwören!

Weibervolk, das dies so schätzt

Weiß er trefflich zu betören,

Der Dichter, der da doch nur *schwätzt!*

Mit reiner Verse Schmeichelei

Doch heimlich sich die Zunge wetzt.

Seht nun, was *seine* Wahrheit sei!

Gewusst hab ich's beim ersten Mal.

Er kennt sie nicht die eine Qual, die sich

Aus Liebe selbst muss speisen,

Will nur *durch sich* die Wege weisen.

Sein Spott zeugt nur von niedrig' Trieb,

Dem, der in der Erde blieb.

Und dort gehöret er auch hin.

Nach nichts Hohem steht sein Sinn.

Den Sieg macht er uns wahrlich leicht,

Wie ist er doch so schal und seicht! *(triumphiert)*

Larva: Gewiss, Lemur, so mag es scheinen!

Doch selbst ihn, ja, *diesen* hier wird

Etwas noch vereinen.

Es geschieht von Zeit zu Zeit,

Noch, ich geb's freilich zu,

Wirkt´s längst und länger nicht soweit.

(seufzt und setzt neu an)

Ein jeder Mensch, sei ihm auch stumm

Das Herz, der Geist, der Mund,

Ein jeder Mensch, sei er auch dumm

Und blind noch obendrein,

Wird von dem Großen Ganzen Selbst

Doch nicht *verschonet* sein.

Da helfen weder hohe Schanzen

Noch Zäune, dort wo man so wohnt.

Es findet ihn ganz von allein

Denn niemand wird verschont!

Und tut sich *einmal jedem* kund

Dem Groben und dem Zarten,

Sogar dem jungen Dichterlein.

Sofern wieder gesund...

(Der Lemur lacht höhnisch)

Larva fährt fort:

Larva: Öffnet sich schließlich auch dem Stein

Und *ihm* - in dessen *Sternenstund* !

Dem Stein und auch dem Dichter

Gehen auf Sternenlichter.

Lasset uns jetzt nicht darauf warten,

Wann´s ihn ereilt ist ungewiss,

Wenn sich die Katz den Schwanz zerbiss

Dann kommt´s auf viele Arten.

(Schweigen)

Lemur und Larva treten ab.

Nun richtet Vespasian das Wort an Goethe:

Vespasian: Auch wenn ihr glaubt zu *Euch* zu

Sprechen in diesem einsam´ Garten,

So hör´ ich doch und sehe auch Eure gezinkten
Karten - die argen Worte, ausgespien,

Zerfallen und verrotten.

Wenn der, der sich für weise hält, beginnt gar kühl
Zu spotten. Verhöhnt so töricht *meiner* und meiner
Herzens Arten.

Ein solcher Mensch, vergeblich wohl, wird auf die
Liebe warten!

Totengeister weckten mich, Doch nur für kurze
Weile, auf dass ich schnell, gerad´ zu *Euch*, dem
Jungen´ Dichter eile.

Nun kann ich also offen sein, kann frei Und laut es

sagen: *Gefühle* nahm ich Euch nicht ab – zu falsch

War Euer Klagen.

Euch selbst bedauernd, jämmerlich

Und schwerlich zu ertragen.

Verschmähte Liebe, jüngst erlebt,

Trübte Euch schon vor Tagen.

Das Klagelied, das ihr begannt,

Vor der Paläste Mauern!

Wie dreist Ihr ihren Namen rieft!

Ach, ließ es mich erschauern!

Noch nach Hunderten von Jahren,

Die ich in kühlem Grab verbracht,

Lässt es mich zittern, schlottern,

Frieren vor *Eurer* Totennacht.

Die Liebe selbst dient Euch wie alles

Nur zu eigner Selbstbeschau,

Doch nie war wirklich der am Leben,

Der nicht geliebt die einzig´ Frau.

Ein Jagdmann seid ihr- niemals Dichter.

Kugeln sucht ihr, keine Lichter!

Eben noch auf Frauenfang,

Im Herzen wird es mir ganz bang-

Von jener erstmals ganz versessen,

Umgarnt sie bis die Nächste kommt.

Doch auch diese wird Euch lang,

Verjagt sie ohne Zaudern, prompt,

Seid grausam und vermessen.

Von *Euch selbst* und niemand sonst

Seid ihr so ganz besessen!

Küsst ihr dann die Schönste selbst,

Wie schnell welkt sie Euch fort,

Erbärmlich, sterbend noch vergessen.

Verbannt aus Eurem Kopfe ganz

An hoffnungslosem Ort.

Frauen die glauben zu verstehen

Doch nicht der Seele Grund ansehen,

Unglück wird's ihnen bringen.

Ihr Lied, das heiter einst begann,

In Tränen wird's verklingen.

Es wundert nicht, dass Euch das Wort,

Das rechte nicht gelinget,

Denn Eure Seele die ist stumm,

Die Leere in ihr klinget.

Auch was ihr spracht zur Kaiserin-

Nur **Euch** zu retten war der Sinn,

Doch wer die Frau nicht ehret,

Dem Rettung sie verwehret.

Wenngleich sie gnädiger als wir,

Von großem, weitem Zug,

Drum weilt Euch dieses Glück noch hier.

Greift dankbar es und klug.

Wieder hat sich der Lemur Goethe unbemerkt genähert. Diesmal erreicht er dessen Herz nicht.

Dennoch schickt er seine Eiseskälte zu dem Dichter, indem er dessen Schläfe berührt.

Goethe ist über diese Worten sehr aufgebracht. Er begreift zunächst nicht, dass Vespasian ihm, vor allem mit seinem letzten Hinweis, helfen möchte, und sieht sich von ihm beleidigt und angegriffen.

Goethe: So wie ich´s aus den Büchern las,

Und ich las derer viele,

So ward auch Ihr kein Edelmann,

Mit reinem här´nen Ziele.

Habt eine Neue Euch *bestellt,*

Nachdem die Erste aus der Welt...

Wer Kaiser ist wohl alles kann!

Doch gilt im Allgemeinen?

Wohl kaum, so will ich meinen!

Vespasian: Schweigt!

Durchaus ist mir recht klar bewusst wie das auf Euch Mag passen,

Doch könnte ich, auch nicht wenn ich wollt´,

Euch dafür selbst noch *hassen*. Ich spare mir der Worte nun, Ihr werdet´s nicht verstehen.

Stattdessen möchte ich mir jetzt des Sternes Strahl Besehen.

(Er wendet sich von Goethe ab.)

Der Lemur verlässt den Garten ebenfalls- von Goethe unbemerkt).

Goethe verlässt den Garten nicht.

Er verbringt die ganze Nacht dort und lauscht dem Gesang der Nachtigallen, die ihn zu Tränen rühren. Sein Herz fühlt sich zugleich so merkwürdig an, so sprunghaft, seine Schläfe schmerzt.

Er versteht sich selbst nicht mehr.

Todesangst überfällt ihn unvermittelt.

Er glaubt zu sterben. Das Atmen fällt ihm schwer.

Nie fühlte er sich verlorener. Vespasians Worte über die Gnade der Frauen hallen in ihm nach. Goethe schmäht ihn und doch...etwas geschieht mit ihm.

Kurz glaubt er Larva zu erblicken.

Hat wieder Angst zu sterben, zweifelt an seinem Verstand.

Nachtigallengesang. Goethe wird nun ruhiger.

Dieser Gesang bewirkt mehr bei ihm als alle Worte, alle Gesten, die zuvor auf ihn einwirkten.

Er denkt an die Momente seines Lebens nach in denen er sich sicher gewesen war zu lieben.

Gesichter und liebevolle Momente aus der Vergangenheit tauchen vor seinem inneren Auge auf.

Die Angst zu sterben wird kleiner.

Eine innere Sicherheit erwächst aus seiner Furcht.

Goethe *(zu sich selbst):*

Verzeiht mir, heller, guter Stern,

Verzeiht, dass ich´s gewagt

Solch Frevel über Euch zu sprechen –

Vergebt, bevor es tagt!

Die Zeit, sie drängt und will mein Leben,

Zu früh wär´s mir es fortzugeben,

Eurer Güte, dem *Verzeihen*

Möcht´ ich meine Verse weihen.

Dann will ich schreiben Euch zu Ehren

Wie niemals je zuvor,

Denn endlich hörten meine Ohren

Was vormals fremd dem Tor.

Dein Gatte, ja, so wahrlich weise!

Ich habe ihn verkannt.

Verzeiht mein Stern, ich bitte leise,

Denn *Ihr* seid mir verwandt.

Goethe schreibt. Sein Schreiben ist an Flavia Domitilla gerichtet. Zunehmend verwischen sich jedoch die Grenzen, richten sich seine Zeilen an Margerita.

Wie könnte ich nur wagen-

Margerita, *beste Frau-*

Euch von ihm fortzutragen,

Im Herz so rein, wie ich es schau!

Das können wenig´ sagen!

Das Aug´ wie Edelsteine grau,

Dein Antlitz schön wie Morgentau!

Wie wollte ich dich jagen-

Dich, Margerita, *beste Frau-*

Mit meinem Werben plagen,

Den and´ ren Mann- ich bin ein Pfau!

Wie wollte ich ihn schwächen,

Wie hätt' sich das – ach fühlt' sich's flau! –

Wie *würde* sich dies rächen.

Bedacht, indes, hab' ich es nie.

Kaum besser bin ich denn ein Vieh!

Die Gier trieb den Verstand

Wohl drei Mal um die Kirche rum

Und dann gar außer Land.

Der Lemur hat sich Goethe erneut unauffällig genähert.

Höhnisch spricht er zu sich selbst:

Lemur: *Ein Pfau? Ein eitler Pfau sei er?*

Vielmehr ein Krokodil-

Wer glaubt ihm seine Reue schwer?

Der Worte viel zu viel.

Doch Goethe meint es in diesem Moment so aufrichtig wie selten.

Er bemerkt den Lemuren nicht und schreibt weiter:

Goethe: Ach, ich sink voll Reu' nun hier

Vor Euch auf meine Knie.

Was hätte ich denn nur zerstört,

Gekittet wär´es nie!

Hättet Ihr mich je erhört -

Welch´ Schrecken wär´ beschworen,

Noch ehe Ihr mir denn gehört

Für immer wärt´ verloren!

Und so auch ich – durch diese Wehen!

Vermocht hätt´ ich wohl fortzugehen.

Doch Ihr, was wäre Euch geschehen?

Für immer würd ich´s vor mir seh´n!

Das kann und darf und wird nicht sein-

Du, liebste Holde bist nicht mein! (...)

Er schreibt immer weiter.

Da begreift der Lemur, dass Goethe gerade dabei ist das rechte Wort tatsächlich zu finden. Er will ihm erbost die Feder entreißen.

Grob packt er des Dichters Hand. Goethe entzieht sie ihm.

Goethe: Der Teufel seid Ihr - ganz gewiss,

Darauf mag ich wohl schwören.

Ein dunkler Geist, der Euch zerriss,

Sucht mich nun zu betören!

Lemur: Der Teufel, ha! Wenn´s das nur wäre,

Doch *da* kann ich nicht dienen.

Eurer Gedanken wirres Heer-

Als wie ein Schwarm von Bienen!

127

(Schüttelt den Kopf)

In *ROT* ´Gewand würd´ dieser

Ganz offen zu Euch kommen-

Mir hat man *meins*, bedauerlich,

Vor langer Zeit genommen.

Nackt steh´ ich hier bis auf die Knochen!

Am Fuße dort, da, seht nur hin,

Ist einer schon gebrochen.

**Der Lemur weist auf seinen knöchernen Fuß.
Goethes Blick folgt ihm. Kurze Stille.**

**Dann hat sich der Lemur wieder gefangen und
führt seine Rede fort:**

Lemur: Doch käme ER tatsächlich an-

Was hätte er gewonnen?

So zart, so tugendhaft, so deutsch

Das Blut wär´ Ihm geronnen!

Sein heißes Blut, ganz still zu Klumpen.

Sag *Du* es- ließest Du Dich lumpen?

Es gibt nur einen einzg'en Weg

Den Satan selbst zu töten.

Gelingen tät es Dir bestimmt:

Erzähl´ von Deinen Nöten!

Schildre den Kampf mit der Moral,

Morde ihn in zuckend´ Qual

Bar aller Höllen Seile

Hier würde glanzlos sterben ER-

Den Tod der Langeweile.

Würdest Du IHN-so nun wie mich-

Mit Tugend penetrieren!

Hinweg damit:

Die Teufel-*alle*-wollen sich *amüsieren!*

Was sonst bleibt denn von allem Leben?

Zur Neige man es koste!

Doch dieses deutsche, keusche Herz

In trocknem Körper roste.

Goethe: In trocknem Körper rostet nichts,

Viel scheint Ihr nicht zu wissen. Hat wohl der böse

Geist in Euch das Denken selbst zerschlissen!

Lemur: Zerschlissen seh´ ich andres hier:

Dein fahles Nachtgewand.

Weiß, dünn und ohne Leidenschaft die ´s´ Leben

An sich band.

Noch glaubst Du könnte sie nichts fassen,

Die Hand, die doch nach allem greift,

Denkst wohl sie würde von Dir lassen,

Da Deine Zeit noch nicht gereift.

Doch ehe es dann ganz zerrissen,

An Fäden schlecht gehalten,

Wirst Du- entbehrt der schönsten Maid-

Erkennen einen Alten.

Den Alten, der die Zukunft sei-

Wie wirst Du ihrer fluchen!

Wirst mich, den Teufel obendrein,

Um Anderes ersuchen.

(Er umklammert während seiner Reden Goethes Trinkgefäß). Goethe bleibt ruhig.
Goethe: Mich als den Alten werd´ ich seh´n?

Dann werde ich nichts sagen!

Hört ich doch unlängst noch Euch selbst

Das Gegenteil beklagen.

Wobei-es fehlt das passend´ Wort-

Vielmehr doch *wünschtet* Ihr mich fort.

Den Tod warft ihr mir hinterher

Wie einen alten Schuh!

Was immer Euer Plan nun sei –

Gönnt mir wohl meine Ruh.

Ob jung vom Fieber hingerafft, ob alt von

Kinderschar begafft oder von blöckend´ Schafen.

Gerade jetzt ist´s einerlei,

So denk ich nur ans Schlafen.

Goethe schließt die Augen, der Lemur tritt ab.

Goethe: *(leise zu sich selbst)*

Verlocken weiß er mich durchaus,

Der alte Schlottergreis.

Wie fühle ich das Fieber noch-

Mir ist so weh und heiß.

Sollt´ ich am Ende denn nun doch

Nach seiner Weise handeln?

Und nur allein mir selbst zur Lust

Auf dieser Erden wandeln?

Goethe trinkt nachdenklich einen Schluck Wasser.
Er schüttelt den Kopf.
Dann stößt er den Krug, den vor kurzem der Lemur noch umklammert hielt, von sich.
Dieser zerbricht auf dem Boden.

Goethe: *(entschlossen)*

Zu Scherben dieser Krug.

Es wäre nicht genug!

Denn das, was ich geschrieben,

Es zeigt wie ich *will* sein,

Und dort da, auf dem Boden,

Zerrinnt noch nicht mal Wein.

Wasser nur, so ruchlos flüchtig,

Fad und schal, macht nicht mal süchtig!

Schnell und feig´ es fortgekrochen,

Kein Zeichen mehr aus jenem Krug

Den ich im Zorn gerad´ zerbrochen.

Goethe fällt ihn einen tiefen Schlaf.

Larva erscheint und nimmt den Brief mit den Zeilen an Margarita an sich.

Plötzlich erscheint, beinahe lautlos, die Frau aus der Kirche. Vespasian schreit auf und Goethe erwacht von den Stimmen. Auf einmal erscheint, beinahe lautlos, die Frau aus der Kirche.

Vespasian schreit auf, spricht.

Vespasian: Da seid Ihr- hoch geliebte Frau

Versprochen ist´s gewesen!

Und jetzt, da ich Euch wieder schau´

133

Scheint alles mir genesen.

Fast glaubt´ ich nicht der Gaukler Wort,

Voll Hass ihr ganzes Streben,

Ich schickte sie erst wieder fort,

Wollt´ nichts von ihrem Weben.

Zumindest war´s mein erster Plan.

Doch Larva trug, dies kann sie gut,

Das *reine* Gegenteil mir an.

Erweckten sie zum Leben

Was ohne Dich nicht da sein mag.

Geliebte! Lang ist mir der Tag,

Doch länger noch ein´ jede Nacht,

Die ohne Dich ich hab´ verbracht.

Schon viel zu lang, oh Ewigkeit,

Welch´ furchtbar Wort – Wenn nicht zu zweit.

Da nicht mit Dir, die Zeit stand groß,

Umschließen wollt´ ich Deinen Schoß.

Streicheln Dein Haar und Deine Wangen,

Doch lang warst Du schon fortgegangen.

Nun stehst Du Allerliebste hier!

Und ich kann´s kaum erfassen.

Mit meinem Sein ich Dich umschloss,

Möcht´ nie mehr von Dir lassen.

(Er vergräbt sein Gesicht in den Händen, dann blickt er wieder auf).

Vespasian: Komm zu mir, die, die ich geliebt

Wie nie ein andres Wesen.

Ihr, die mit Worten Briefe schriebt,

Die tief aus Euch gelesen.

Die lobten und nicht schalten,

Worte an die ganze Welt-

Die doch nur *mir* stets galten,

Selbst wenn der Tod die Hülle *fällt*

Die *Deine* wollt´ ich halten. **(hält inne)**

Wie tief ward ich an jedem Tag

In Deinem Blick geboren.

Wie grausam war ich ohne ihn

Immer auf´s neu verloren.

Dein Blick so klug, die Augen grau

Gleich einem Stein voll Morgentau -

Dich halten war mein Streben.

Fühl ich Dein Herz so *greift* es mich

Mit seinem feinen Beben.

Noch einmal, *einmal* noch – es sei!

Es sei uns *das* gegeben.

Zu lang schon wünschte ich´s herbei.

So sprech´ ich´s aus, ich sprech es frei:

(feierlich)

Komm zu mir Frau,

Komm zu mir Leben!

Die Frau tritt auf ihn zu und lächelt ihn dabei an.

Sie nehmen sich wortlos in den Arm und verharren lange in dieser Pose.

Goethe schläft noch immer.

Larva beobachtet den schlafenden Goethe und nimmt sein Gedicht an sich.

Der Lemur eilt erneut herbei.

Beide bringen ihn nun ins Rom der heutigen Zeit, weg vom Garten der Nachtigallen.

Der Lemur führt Goethe deshalb in das moderne Rom um ihn mit der modernen Welt zu schockieren, was ihm bisher bei fast jedem Menschen gelang, so dass er voller Zuversicht ist, dass es ihm auch bei dem Dichter gelingen wird.

Dieser Schock, davon ist der Lemur überzeugt, wird Goethe schon gewissermaßen (in heutiger Sprache ausgedrückt), „den Rest geben", ihn vollends entmutigen.

Auf diesen Augenblick freut er sich (wir kennen den Lemuren ja schon ein wenig) bereits jetzt.

Vespasian und Flavia Domitilla verbleiben derweil, eng umschlungen, im Garten der Nachtigallen.

Nichts kann ihre lang ersehnte Zweisamkeit stören.

Dort wo Goethe lag zeichnet sich noch sein Umriss ab- wie eine vergangene Erinnerung oder wie die Ahnung von etwas, das erst im Begriff ist neu zu entstehen. All dies erscheint wie eine Andeutung, einen Hinweis auf die Ungewissheit dessen was nun seinen Verlauf nehmen mag.

Die Reise in die Zukunft Roms beginnt.

Vorhang

Vierter Akt- *Erste Szene*

Goethe wacht vollkommen verwirrt auf. Ihm unbekannte Geräusche umbranden ihn.

Er befindet sich im Rom der heutigen Zeit, dort in unbekannten Außenbereichen.

Sie bewegen sich mit den Kräften der Totengeister in Sekundenschnelle von Ort zu Ort, Larva ist bei ihm.

Einige der Orte, welche nun besucht werden, gehen hierbei auf ihr Konto.

Der Plan des Lemuren, Goethe zu schockieren, scheint aufzugehen.

Goethe: Diese Bauten gleichen Ställen,

Blei mit Fenstern, die erhellen,

Erhellen wohl das Augenlicht,

Berühren doch die Seele nicht!

Ach, es wird mir weh´ ums Herz.

Was trübt Ihr mich mit diesem Scherz!

Was *ist* all dies Treiben wohl?

Seltsam wirkt´s mir- leer und hohl.

Hab den Umtrieb stets genossen,

Doch viele Jahre nun verflossen

Keine Inseln mehr der Stille -

Zerstreuung durch der Menschheit Brille.

Alles auf die Spitz´ getrieben.

Was ist vom *Schönen Geist* geblieben?

Hier, hier kann man nur ersticken.

Wo kann ich hin in Augenblicken

Zu denen ich mich sehn´ zurück?

Momente, heilig war mein Wille.

Und *was* ich sah, das gab mir Glück.

Wie uns die Künstler Großes schenkten

Um uns in diesen Geist zu senken

Um zu verharren, zu verstehen

Um selbst mit ihnen aufzustehen.

Um uns´re Lebenszeit zu tiefen,

Zu entheben äuß´ren Schein

Die große Kunst, jene, die gehet

Tief in unser Sein hinein,

Und uns tauchen lässt nach Schätzen

Die kein Mensch sich greifen kann.

Unsichtbar und doch vorhanden,

Nur der Künstler mahnt uns an.

Sehn´ nach Ruhe mich und Muse

Nach Gedanken klar und rein-

Ach, in diesem lauten Rome

Find´ ich nicht mehr was einst mein.

Dieses soll die Zukunft sein?

Geht hinfort, lasst mich allein!

Larva *(unbeeindruckt):* Folgt mir!

Sie leitet Goethe zur Spanischen Treppe. Diese Treppe immerhin findet Goethes Anerkennung,

Larva: Nun sage mir, wie ist es Dir?

Menschen, Völker, alle hier!

Freude schenkt der Ahnen Kunst,

Ein Traum im trüben Allerlei

Gewähren heut´ noch ihre Gunst

Dem, dessen Auge offen sei!

Versucht das Grau nicht mehr zu seh´n.

Lasst Rom nun mit Euch aufersteh´n!

Malt Bilder jetzt mit Euren Worten,

Bringt uns zurück zu Wunderorten.

Doch dies nicht für den eign´en Namen,

Sondern für *das Werk an sich!*

Schenkt ihm den besondren Rahmen,

Vergesst dies Wort, es nennt sich: *„ich"*!

So viel mehr sei Euer Schreiben,

Soll Menschen in die Höhe treiben,

Weitab vom Staub der dumpfen Gassen

Sollt Ihr ihn weiter staunen lassen,

Erheben Herz ihm und sein Sinnen,

Das Leben wird ihm nicht zerinnen,

Wenn angefüllt es mit dem Schönen,

Niemand kann ihm dann mehr höhnen.

Doch *mehr* noch sei es, Euer *Tun,*

Darum nur niemals damit ruh´n!

(nun noch eindrücklicher)

Das *Werk* ist mit der *Frau* verwandt-

Nur durch sie Ihr *Euch* erkannt.

Achtet das Werk, Achtet die Frau

Heiligt die schönsten Dinge.

Erst dann, und das ist ganz gewiss,

Euch Eure Kunst gelinge.

Spannt Ihr sie nur vor Euren Karren,

Wollt Ihr sie plagen oder narren,

Seht nicht mal in ihr Gesicht

Versucht Euch glücklos am Gedicht!

Denn was für Reime soll´n das werden?

Wenn *Sie* beackert Eure Erden

So wie ein lahmer Gaul?

Was glaubt Ihr dann käm´ Gutes

Raus aus Feder Euch und Maul?

Sehr deutlich sei dies ausgesprochen,

Ein freundlich Wort´s nicht besser macht.

Habt auf *Gedanken*, auf das *Werk*

Und auf die *Frauen* Acht!

Goethe: Ihr helft mir, Larva – kann es spüren,

Doch *verstehen* kann ich´s nicht.

Ihr helft dem Armen, der hier schwitzet,

Und sägt den Ast, auf dem *Ihr* sitzet!

Larva macht eine abwehrende Geste.

Larva: Ich helfe Euch zum eign'en Wohl,

Doch reicht das für uns beide hin.

Dafür braucht's kein Monopol;

Es aufzuteilen ist mein Sinn.

Euch mag es nun das Leben schenken –

Und mir die Zeit nicht mehr zu denken,

Zu ruhen, da ich müde bin.

Nun Dichter, sprecht mit eign'en Worten

Was ich versuchte Euch zu lehren.

Danach könnt Ihr, das weiß ich schon,

Der Menschen hohes Streben ehren.

Goethe: Auf das *Ganze* wirke hin –

Erfasse es - Erfülle Sinn!

Die Kunstwerke Roms ziehen an ihm vorbei, allen voran die von ihm so verehrte Kunst Michelangelos. **(Kann auf der Bühne visualisiert werden.)** *Verträumt und entzückt betrachtet Goethe diese und spürt, dass Larva Recht hatte. Dieser Moment ist für ihn ein ganz Besonderer,* welcher sich ihm einprägt, und sein Handeln und Denken (zumindest für eine Weile) beeinflussen wird.

Das „Ganze" erschließt sich ihm auf diese Weise.

Vierter Akt- Zweite Szene

*Larva führt ihn nun zu einem weiteren Ort.
Goethe findet sich jetzt vor der Casa di Goethe in
Rom wieder. Er entziffert seinen Namen.*

Goethe: Bin ich bekannt noch, ist das wahr?

Mein Name hier in Zukunfts Jahr?

Starb nicht schon jung in jener Nacht?

Sagt mir, wie habe ich´s vollbracht?

146

Welch´ war das Wort und

Was die Zeit?

Wie ging es denn?

Sagt mir Bescheid!

Was führte mich vom Sterben fort?

Ich bitte Euch -

Zeigt mir den Ort...

Der Lemur tritt unvermittelt hinzu.

Er stößt Larva grob zur Seite und reißt Goethe mit sich in die Schächte der römischen Untergrundbahn.

Dort greift er ihn an den Schultern, schüttelt ihn aufgebracht und brüllt drohend:

Lemur: Oh, frohlocket nicht zu sehr –

Denn *noch* kann alles enden,

Ja, gewiss führte Euch her

Larva mit beiden Händen.

Lacht nicht zu früh, nicht einen Deut!

Manch einen hat´s hernach gereut.

Vergebens dann war seine Müh,

Mich hat´s noch *recht* gefreut!

Die Zukunft selbst sich leicht noch hier

Ins *Gegenteil* kann wenden.

Fällst aus der Zeit und fällst heraus

Aus Larvas schützend´ Händen!

In sechs Minuten bist du mein,

Wirst *nicht* auf jener Inschrift sein!

Ehe schon der Hahn laut kräht,

Der Schnitter endlich Dich gemäht!

Vespasian! Oh, schlecht gewählt!

So *dacht´* ich doch, dass er Dich quält,

Dich zum *Aufgeben* bewegt,

Doch alles hat er umgelegt,

Ließ besser als verdient Dich werden,

Gerecht ist es hier nicht auf Erden!

So mocht´ er keine Hilfe sein!

Gegen ihn stand ich allein.

Larva selbst hielt mich nicht fest,

Des Kaisers Frau - die gab den Rest!

Von Larva wurde ich verraten,

Büß´ nun *Du* für diese Taten!

Gerade ist er wieder im Begriff Goethe seine Hände an die Schläfen zu legen um ihn zu schwächen.

Larva erscheint.

Goethe zu Hilfe eilend und den Lemuren von sich abwehrend, hält sie Goethe das von ihm im Garten der Nachtigallen beschriebene Pergament in den zitternden Händen hin.

Larva (*zu Goethe*): Lest laut!

Dabei zeigt sie auf den unteren Rand des Bogens, die letzten dort lesbaren Worte, die Goethe für Margarita niederschrieb, bevor der Schlaf ihn mit sich genommen hatte.

Darin zeigt sich eine deutliche Wandlung, die hier die entscheidende Wendung bringt.

Goethe weiß nun, um welchen Ort es geht.

Goethe: Sechs Minuten, dann ist´s *Zeit*?

Gedenkt dem *Ort*, fühlt jenes Leid.

Dem Ort, den der Lemur mir wies´

Kalt dort mich alles von sich stieß!

Rettung braucht ein solcher Ort

Etwas, das ihm brächte Hort!

Und oft ist´s erst kurz vor dem Ende

Das gelingen lässt die Wende.

Wenn geseh´n wir was uns mindert

Sei´s mit einig Kraft verhindert!

Alle Künstler alter Zeiten

Sollen jetzt für Rom wohl streiten!

Hinzu kommen auch die Jungen,

Vereint Roms Herrlichkeit besungen!

Rom, es soll auf ewig leben

Und den Menschen mit sich heben.

Zeit ist *jetzt*, da sie mich *schmerzt*,

Zeit in der ich ausgemerzt

Wenn nicht handle ich *just gleich*.

Rechte Zeit mir nicht entweich´!

Schmerz, er fordert meinen Mut.

Den Willen auch, der Gutes tut.

Hastig beginnt Goethe aus seinem Brief an Margerita zu vorzulesen.

Goethe: Ich kämpfe nicht gegen den Lieben,

Wär´ ja wohl doch nicht *treu* geblieben.

Mein menschlich´ Sein umkreiset schon

Zumeist die *eigene* Person.

Ich wünscht´ ich könnt´ ein andrer sein,

Vielleicht noch wird´s gelingen.

Denn einen Garten fand ich, fein,

Dort Nachtigallen singen,

In der Nacht, bei Mondesschein.

Ließ Gutes ich mir klingen.

All jene, die mich sonst gebannt

Friedlich dort von mir gingen.

Einen Brief in meiner Hand

Dessen Inhalt ich verstand.

Er zeugt von Deiner Nacht,

Tiefer als jede Pracht.

Bist´s mir wert *selbst* zu verzichten,

Nun mag das Leben denn mich richten.

Dem Lemuren wird bewusst, dass dies das richtige Wort war.

Lemur (stöhnend): Larva, warum nur?

Larva hat sich drohend vor dem Lemuren aufgebaut. Goethe zieht Larva zurück

Lemur: Was hilfst Du ihm? Was ist Dein Sinnen?

Willst Du am Ende nicht *gewinnen?*

Larva sackt resignierend in sich zusammen.

Larva: Gewinnen, ach *gewinnen-*

Ich lass´ es gern zerinnen!

Sieh Dir diesen Dichter an,

Der schreibt gegen den Tod,

Und just vergisst er grade *ihn-*

Im sanften Abendrot.

Lemur: Den Tod? Weshalb?

Was redet Ihr?

Wer könnt' den Tod vergessen?

Ihn treibt zum Menschen stets die Gier,

Der Tod will Fleisch nur fressen.

Dem Dichter wird's nicht anders geh'n

Das ist so schwer nicht zu versteh'n.

Ein *Mensch* ist er und wird von *ihm*

Wie *alle* hier gemessen!

(Larva nimmt den Lemuren sanft zur Seite)

Larva: Nicht vom *Tod* sprach ich, mein Schatz,

Der wird ihm kaum gefallen,

Doch von einem andern Platz

Dem Platz der Nachtigallen!

Den Gesängen, diesen zarten,

Im schönsten aller Lebens Garten.

Soll ihnen lauschen, wenn er schreibt

Wenn der Gesang die Worte treibt,

Wenn er enthüllt von seinem Wesen

Was in der Zukunft wird gelesen.

Er schreibet bald, kann´s kaum erwarten

Nie rastet er und sollt´s fast tun

Wie möchte ich in diesem Garten

Nichts and´res als mich auszuruh´n,

Fliehen vor des Lebens Joch!

Es schwinden lassen nun.

Eine liebe Weile, Freund!

Beschwör Dich doch,

Mir´s gleich zu tun.

Dieses Feld hier sei geräumt!

Etwas, ach, so gern versäumt.

Ruhe sei uns nun beschieden,

Nicht Ewigkeit, doch einfach *Frieden*.

Lemur (zu Goethe): So habt tatsächlich *Ihr*
Gewonnen, und werdet unter Romens´ Sonnen

Ein ewig Werk gar schreiben!

Goethe: So scheint´ s, und dennoch mag die Freud´

Darüber einfach nicht bei mir bleiben.

Lemur: Was ist es denn, das Euch betrübt?

Was wollt Ihr denn nun *noch*?

Habt nicht Triumph genug geübt?

Das Fass in Euch mit Loch!

Es voll zu halten eine Kunst-

Gewinnt das Spiel, verliert die Gunst!

Goethe: Das Leben meiner Margerita,

Wird sie auch nie *mir* werden hold,

Doch sagtet ihr, als wir uns trafen,

Vor ihrer Zeit werd´ sie geholt.

Von dem, dem es gefällt zu nehmen. *(bedrückt)*

Wird er sich überhaupt nicht grämen?

Ihr, der schönsten aller Frauen,

Das Leben grad entzwei zu hauen?

Schande ist´s, verschwendet´ Pracht

Die ihr wohnt sogar im *Herzen*.

Der Tod, der weiß wohl mit Bedacht

Die größte Schönheit selbst zu schwärzen.

Ich möchte weinen ohne Ruhen

Die Trauer in mir merzen.

(Wendet sich nun fragend an den Lemuren)

Was kann ich Mensch dagegen stellen

Hein, dem oftmals gar zu Schnellen?

Seh´ sie auf Totes Betten-

Lasst *Ihr´s* darauf beruh´n?

Was kann ich – und was *ist* zu tun.

Um sie vor dem zu retten?

(Der Lemur denkt nach)

Lemur: Nun, da ich von der Inschrift weiß

Und von des Dichters Gabe,

Da schlag ich einen Handel vor:

Verschont vom frühen Grabe

Soll deine Margarita sein,

Doch schreibt *mich* in das Buch hinein-

In Euer ewig Werk.

Auf immer ich´s mir merk´!

2000 Jahre bin ich fort,

Vergisst man mich an diesem Ort,

Vergisst man gar den Tod-

Ach, Unglück brächt´s und Not!

Auch ich gehöre zu dem Ganzen,

Nur der Tod kann´s Leben pflanzen.

Schreibt mich in das Werk hinein.

Soll Euer Schaden gar nicht sein,

Lasst dort mich wachsen auf den Seiten

Deinem Held zur Seiten schreiten.

Trinken wird sie hellen Wein!

Denn Margerita, sie wird tanzen –

Wangen rot wie Pomeranzen,

Und ihr Atem wird sich weiten

Lang´ durch viele Jahreszeiten,

Sorgt Euch nicht es ist gesprochen,

Vom Tode sie erst spät zerbrochen

Keck schwingen wird solange sie

Ihr ach so schlanke Bein,

Lachend klatschen in die Hände.

Gerettet sei vom frühen Ende

Geliebtes Mägdelein!

Goethe nickt erleichtert. Er ist mit diesem Handel einverstanden.

Goethe: So soll es sein und dank ich Euch *(nun an Larva gerichtet, voll des ehrlichen Danks)*

Denn eins weiß ich ganz sicherlich:

Gewiss ist es und sei besungen –

Allein wär´ es mir nicht gelungen,

Ein Mensch *nur* bin auch- ja *selbst* ich!

Ach, größer wär´ ich gern gewesen,

Doch heut´ bin ich,

Habet Dank,

Von diesem Drang genesen! *(atmet auf)*

Larva: Doch schreiben sollt´ Ihr weiterhin,

Denn dies ist Euch gegeben,

Sei es Euch Hort und auch Gewinn,

Sei´s Euer schönstes Streben.

Goethe möchte noch etwas antworten. Larva legt ihm jedoch die knöchernen Finger auf Goethes Lippen, beide verschwinden. Goethe findet sich unversehrt in seinem Bett wieder. Er denkt an Margarita, dann aber vor allem an das, was er vom zukünftigen Rom sah. Alles dreht sich in seinem Kopf und vor seinen Augen.

Fünfter Akt

Erste (und letzte) Szene

Goethe: Was immer nur wir *Liebe* nannten

Ist's größer als *ein* Menschenleben?

Ist's nicht die Suche nach *Verwandten*

Die stets nur auf das Licht hinstreben?

(denkt nach)

Der Kaiser liebt die Seine,

Weitet sie in die Welt-

Domitilla, die Reine,

Ja- bis ins Himmelszelt. *(zweifelnd)*

Ist das, was uns nun letztlich eint – die Liebe- nur ein Hauch?

Ein Hauch, der drinnen in uns weint-

So wie die Sehnsucht auch?

Vom schwarzen Schatten wir umstellt,

Kein Schall, jedoch viel Rauch?

Der uns die Augen blind gemacht,

Ganz trüb vor lauter Sehnen-

Wenn ohne die, die nicht mehr da

Wir uns im Schlimmsten wähnen!

Wie laut ja, oh wie laut es dann

In uns verteufelt schreit!

Sei´s trefflich auf den Punkt gebracht:

Im Sehnen unser Leid.

Vorbei mit Lieb´ und Schmach und Macht-

Am Ende es uns leit´

Den Weg hinaus, und das ganz sacht-

Den Weg aus Raum und Zeit.

Aus Tag und Früh aus Abendämmer´

Aus tintenschwarzer Nacht.

Führt´ s uns, die wir die Erdenlämmer

Dorthin wo alles wacht.

Den andr´en Weg, der mehr erfasst als

Aller Frauen Duft,

Der hebt uns hoch, unendlich weit

In freie, klare Luft.

Nicht Liebe noch, nicht Wort noch Streit,

Enthoben aus der Gruft.

(atmet tief ein)

Nichts dann mehr da was uns verband

In dieser Erde Walten,

Mag auch der Kaiser immerzu

Der Liebsten Hände halten.

Ich weiß es nicht und werd´s erfahren-

Nur *Schüler* auf der Welt.

Um eine wahre Doktorwürde

Ist´s eher schlecht bestellt.

Und doch, das sag´ ich, ärgert´ s mich,

Ich möchte alles wissen,

Will haben die und jene Frau zwischen und auf den Kissen.

Möcht ´wälzen mich in wilder Lust und endlich zärtlich küssen.

(verträumt)

Die EINE Frau, wie Vespasian, die will ich auch nicht missen.

Doch scheint auch das zu irdisch hier-

Weit weg vom Geist des Ganzen.

Will ich mit EINER tanzen –

Oder zu den Vielen hin-

Zu Beidem gibt´ s nur kleinen Sinn.

So träume ich vom Ganzen und füll´ mir

Hals und Ranzen.

Ach, was noch schönes Wort verschwenden-

Wenn´s doch schon offenbar.

Noch bin ich jung doch Totengeister seh´n wohl

Was wird und auch was war.

So sei es drum, ich werde schreiben,

Angst und Tod damit von mir treiben.

Anderes mir nicht gegeben-

Papier und Tinte um zu Leben.

Den Gänsekiel gib noch hinzu,

Und aus der Sache wird ein Schuh.

Viel scheint es freilich wahrlich nicht-

Doch für das Ganze hat's Gewicht!

(Goethe notiert sich etwas und fährt dann fort)

Dieses ist der Wahrheit Preis,

Nun, da ich um jenen weiß -

Wie teuer er zu zahlen bloß,

In mein Herz ein spitzer Stoß. *(zögert)*

Nicht *ich* werde hier bleiben,

Tät' ich auch tags und nachts

Mich schuldig machen

des Verdachts

Mich selbst gar zu entleiben

Und immerzu nur schreiben.

Auf mich zieh'n der Arbeit Los,

Groß sein oder *dubios*

Schwerlich wahrlich zu versteh'n.

Derweil sich Jahreszeiten dreh'n!

Am Ende, ja, was hilft es doch?

Eingegraben in ein Loch,

Zum Schluss werd´ ich vergeh´n.

Was nutzt es mir im Totenreich -

Wo alle schließlich gleich?

Vergangen, kühl, wenn Winde weh´n

Zumal ganz seltsam bleich.

Ach´ dauert es mich doch! *(seufzt)*

Wo niemand sieht mehr *Hüllen*,

Nur *die* welche Regale füllen.

Ach, es ist aus- vorbei mein Langen,

Dennoch werd´ s Sterben ich nicht bangen.

Zum Trotze schreib ich auf das Leben,

Denn weiß ich nun, wem es gegeben.

Nicht jenen die bereits verglommen.

Denen *doch* die nach mir kommen,

Jung, wie flinke Affen noch,

Wo sich die Zukunft tief verkroch,

Wie nach Vesuvens Beben!

Im hohlen, flücht´gen Streben.

Bedürfen sie, so sehr wie nie

Dessen, was wir geschaffen.

Es seien, ja, so soll es sein,

Es seien ihre Waffen!

Auch wenn sie es, wie Jugend immer,

Noch lang, *noch lang* nichts wissen.

Zu schön ihr Haupt, zu zart und glatt,

Seide auf ihren Kissen.

Doch wer will *sie*, der Jugend Zeit,

Das goldne Kälbchen missen?

Wer kann ohne die Jugend selbst

Des Lebens Fahne hissen?

In ihrem großen Übermut,

Mit schnellem Schritt gegangen,

Mit teurem Zwirn und großem Hut,

In Hybris sie befangen.

Urteilen, nein, das darf ich nicht,

Bin nicht ein Zünglein klüger,

Doch ahne ich und spüre auch

Der Welten größt´ Betrüger.

Nur wer die Totengeister fühlte

Begreift das Sehen neuer

Sieht, dass *das Ganze* doch nur zählt

Und das, was wirklich teuer.

Ein Blick, ein Streicheln auf der Haut

Von Wind und Frauenhand,

Ein Lied der Nachtigallenbraut,

Die lange schon mich kannt´.

Die Sonne, wenn nach langer

Nacht aus bösem Traum man wachte,

Viel wärmer, zärtlicher sie war,

Als man es vormals dachte.

Ich werd´ vergeh´n, doch bleiben sie,

Die Sonne und das Lied,

Sie leuchtet, und es klingt dem wohl,

Der lebt, und der verschied.

Was ich geschrieben, jede Zeile,

Die hingewandt zum Leben,

Auch diese wird es, da ich's lieh'

Noch *eine Weile* geben.

Für die, die folgen, wie ich folgte,

In Lebens ewig Dreh'n.

Freu'n soll'n wir uns und nicht schon jetzt

Dem Tod entgegengehen,

Doch auch nicht sollen wir ihn fliehn,

Auf ewig' Ruhm nur hoffen.

Es geht um's *Ganze*, nicht um uns,

Die *Weile* steht uns offen. *(ruft aus:)*

Ach, eine Weile - *Weile* ! Einst schmäht' ich dieses Wort.

Doch nun, du liebe Nachtigall, verzaubre diesen Ort.

Der Weile lernte ich verstehn',

Und eins nimmt sie nicht hinfort,

Das lass' für immer stehn:

So hört es- Wort für Wort für Wort:

Lang wird sie mir nicht werden.

(nachdenklich)

Wenn Wolken durch den Himmel geh´n,

Wie ferne, kleine Herden,

Mit ihrem runden, schwellend´ Bauch

So eifrig sind im Werden.

Wenn Düfte durch die Bäume wehen in
Allerfeinstem Hauche,

Wenn Himmel freudig vor mir steh´n,

Weiß ich, dass ich nichts brauche.

Nichts, außer dem, was mir gegeben

In eben diesem Sein.

Ich spür´ den Regen,

Und selbst dieser ist für die *Weile* mein.

Nein, *lang* wird diese Weile mir

Nicht mal ein Quäntlein werden,

Nicht hier und auch nicht dort nunmehr

Auf dieser reichen Erden.

Ja, ich wünscht' es wäre länger,

Lang mit hellem Sternenschwänger,

Dass viel weiter es sich lohnte.

Und Finsternis mich selbst verschonte

Länger träumte ich's herbei.

Noch viele tausend Monde.

Genau hab' ich's vor mir gesehn',

Planeten ich bewohnte.

Und noch eh ich mich recht versehn'

Die Kaiserin dort thronte.

Sonnen zogen oft vorbei,

Eine besonders heiß,

Das ist die, die auf der Welt

Um wirklich alles weiß!

Zog eine stete Schleife

Und dies mit eng'rem Schweife

So dass sie mich,

Das war' mein Wunsch

Bereits ein wenig streifte.

Groß wie die Sonne

Doch gebrannt -

Auf dass ich ihr entkomme!

Der, die mich so sehr gebannt,

So wie den Mann die Nonne.

Ich gebe zu, dass ich versucht,

Zumindest eine Weile,

Dass ich *versucht*, und dennoch ich

Aus diesen Träumen eile.

Winde schössen durch die Gipfel,

Schnee bedeckte alle Wipfel,

Blätter in des Herbsts Allee

Kleine Blumen, saftig´ Klee.

Wassertropfen dort zart tauten,

Kirchen, Schlösser, schöne Bauten

Und Musik noch obendrein-

Schwer nur wird gegangen sein-

Wenn ich an mein Scheiden denke

Tut's mir *jetzt* schon weh.

Raunend Bäche, wilde Hasen

Die auf Waldes Fluren rasen,

Spielend wie ein Kind, der Wind

Durch die Sonne, so geschwind.

Ach die Monde und die Sonne

Stern und Wolken obendrein.

Fühlt'so klar die reine Wonne:

Einfach nur am Leben sein.

Könnt' ich 's wählen wie ich wollte-

Oft wollt' ich geboren sein.

Oft geboren, nie vergessen,

An dem Werk dann selbst gemessen,

Betrauert gleich millionenfach,

Lautes Weinen, Weh und Ach!

Ob meiner tausend Leben!

Doch sei es fortgegeben.

Hinweg nun alles bloß

Was für mich selbst zu groß.

So gern ich lang hier wohnte,

Die Demut mich nun schonte.

Denn dienen möchte´ dem Ganzen ich –

Über die Zeit hinaus, *so* steht geschrieben es

Dereinst an jenem Haus. *(Er denkt an die Inschrift aus der Zukunft. Larva und Lemur sind unbemerkt hinzugetreten.*

Larva ergreift schnell und fest seine Hand, der Lemur, und auch Goethe, kommen wieder etwas zu sich.)

Lemur: Ob lang die Einsicht bei ihm weilt?

Ob eher ihn wohl das ereilt,

Was Menschen so zu Eigen?

Mir sei es gleich denn *Leben*,

Die sich doch *alle* neigen

Vermögen es doch dann und wann

Im ewig´ Baum zu zweigen! *(in stolzer Vorfreude)*

In seinem sei mein Name,

Die Kunst das Leben ahme! Vorhang

Epilog

Lemur und Larva

Larva: Oh, ewig, ewig *Ewigkeit*-
Wie graut mir wenn ich's spreche aus.

Entrinnen, nein, das gibt es nicht-
So denkt an jene Maus!
Von Angesicht zu Angesicht-
Sie wusst'es im Voraus.

Als Angst ich in der Stube roch
War es vielleicht die Meine.

Auf ewig ohne Ruhe, ach,
Geplagt sind die Gebeine!
Und dieser Dichter fürcht' nicht Zeit!
Verstehst Du, was ich meine?
So wenig Flaum an seinem Bart,
Gar dürr noch seine Beine.

Wenig' Jahr' weilt *er* erst hier-
Ein Büblein noch, das Haupt zur Zier
Der wünscht sich Ewigkeit!

Ich sag es laut, das sind *Gelichter*
Knochen schwächer als Gesichter
Die hierfür sind bereit!

Wie konnt´ er nur, wie weh ward mir,
Er war doch nicht gescheit! *(nun lauter)*

Was ist, das soll nicht ewig bleiben,
Selbst Marmor will ins Erdreich treiben,
Säulen, *lang* schon sind sie müde,
Ihre Oberfläche trübe
Und bleiben doch als *Weiser,* Zeichen
Seine Seele zu erreichen,
Sie zu heben und zu *hegen*
Trotzen Wind und kaltem Regen.

Um Menschen selbst möglichst zu gleichen
Lässt sich gar der Stein erweichen,
Doch groß ist unser aller Preis,
Nicht nur *ich* dies alles weiß.
Mensch, hast *nicht* der Geister Segen!

Da Totengeister Du nicht schätzt.
Und Welt, die Du mit Deinem Streben
Nach *Ewigkeit* so grob verletzt.
Doch andererseits versteh ich sie,
Versteh ihr lautes Klagen,
Ob ihres Endes, das gewiss-
Wer würde *nicht* verzagen?

Mich Totengeist hat es gerührt
Des Dichters wildes Streben,
Wie er gerungen mit sich selbst
Sein Traum vom ewig´ Leben!
Doch verschieden sind sie sehr,
Geselle oder Meister,
Verstehen werden *niemals* sie
Uns alte Totengeister.

Und doch- vielleicht sind wir verwandt,
Heut´ schon hielt ich seine Hand,
Sind nicht allzu sehr verschieden.

Gut, seine noch im Fleisch-Verband
Gewaschen und gerieben.

Dennoch *fühlt´* ich einen Frieden
Würde ihn gerne fester schmieden-
Besiegeln, gar noch glatt beschrieben
Mit *Menschen*, die wir lange mieden.
Dieses Denken ist mir neu-
Meistens war ganz and´res treu,
Zumindest ja nunmehr *fast* immer-
Bevor in eben diesem Zimmer
Etwas Neues hat´s erhoben

Ins Denken fest sich eingewoben.

(nun zum Lemuren gewandt)

Larva: Es wird nicht schaden, eine Rast.

Vorbei vieler Jahrhundert´ Last

Für eine kleine Zeit!

Wie sehr schon sehn´ ich darauf hin!

Nun endlich ist´s soweit.

Lemur: Ich hab´s mich eben schon gefragt

Oder viel eher mir gesagt-

Denn ist es keine *Frage*.

Zu sehr kenn´ ich den Menschen schon,

Nicht lang er sich entsage.

Doch dieser hier- ich räum es ein,

Von Göttern er berührt.

Ich seh´ ein Feuer das man ihm

Auf´s Neue immer schürt.

Für was hält man´s am Leben?

Für Demut oder Streben?

Ob lang die Einsicht bei ihm weilt?

Oder ihn eher das ereilt,

Was Menschen so zu Eigen

Dem klingen hellste Geigen?

Sie wissen´s ja vortrefflichst gar

In immer schneller´m Reigen

Meist um die eign´e Achse nur,

Doch daran mag´s nicht hängen,
Die ganze leidliche Natur
Im Tanz von sich zu drängen.
Larva: Das *Ganze*, das begriff er wohl!
Sei Anderes vielleicht noch hohl
Oder auf töner´m Fuße –
Das *Ganze* in ihm sah ich *hell* –
Es küsste ihn die Muse.

(Der Lemur nickt; eine kurze Pause entsteht)

Lemur: Schaut doch all´ die Menschen bloß!

Auf was mögen sie warten?

Kennt denn niemand *ihn* denn mehr -

Den Nachtigallengarten?

(Larva, ungeduldig)

Larva: Hört doch das, was ich schon sagte –

Einer ja begriff es wohl!

Gab´s zur Antwort als ich fragte,

Hab´s vernommen, sein *„Lebwohl".*

Hab ihn *wahrlich* rein gesehen!

Wohlauf nun, Freund, es ist gescheh´n,

Zeit für uns nun fortzugehn.

Lemur: Soll mich alles gar nicht stören,

Leg´s zur Ruh, schließ´ feuchte Luken

So lass´ ich´s hin, und sei es drum,

Soll´n Andere nun für uns spuken!

Zu lang schon führte ich es um,

Mein totes Geister-Leben.

Sei dieses, Larva, nun Dein Rat

So sei ihm stattgegeben. *(nachdenklich)*

Was werden hören wir alsbald-

Wenn wir das Leben tauschen?

Ein Singen, Heulen, Rattern – halt!

Ein Seufzen, Lachen, *Rauschen*?

Ein Fluss der uns leis´ mit sich führt

Als tät´s ihm gar nichts machen.

Als hört´ er´s nicht das Seufzen, das Singen

Und das Lachen?

Ein Fluss mit seiner Dunst-Gestalt?

Die kleine Nachtigall im Wald?

Ja, wissen werden wir es bald.

Vielleicht ist´s aber mehr ein *Nichts*?

Das Gedicht allen Verzichts?

Das Nichts- weder ist´s *gut* noch *schlecht*

Gerade dieses sei mir recht.

Ich lass´ mich überraschen.

Von Welt mich rein ganz waschen,

Danach steht er mir, der Sinn.

Sei es wie es seien mag-

Ich nehme alles hin!

Zu lange ging schon dieser Fluch

So morsch schon uns´re Masten.

(zögert, dann, zu Larva:)

Auch ich möcht´, so wie *Du*, zu gern

Ein paar Jahrhundert´ rasten.

(Noch wirkt er nicht ganz überzeugt; etwas bewegt und beschäftigt ihn noch).

Larva weiß, was es ist.

Larva: Die Gedanken nun vertagt!

Fest bereits Euch zugesagt!

Eines jetzt schon sicher sei.

Alles andr ´re Barbarei!

Fast *zu* schnell wirst Du erspähen

Ein Schild fest diesem Haus´ anbei,

Daran gibt´s nichts mehr zu drehen.

Lasst´ ihn schreiben- es so sei!

Sein Name dort auf feinsten Brettern

Dein Name – keine Spinnerei!

So als wärt´ Ihr ewig Vettern

Wär ´doch kaum etwas dabei!

Vertreten in ewig Lettern

Vielleicht bald dort schon auf der *Tafel-*

Lemur, oh, Teufel und *Geschwafel!*

Lässt es Dir im Kopf zergehen!

Weisheit auch dort beigemischt

Dass die Sinne sich verdreh´n.

So will´s der Mensch, so soll es sein.

Und wir werden´s wiederseh´n!

Lemur, *Du* in diesem Buch!

Und *ihm* schmückt´s das Leichentuch.

Denn Du weißt: Wenn wir erwachen,

Sehen´s *gleich* wir, sehen´s *sofort*

Ach, was wirst Du Augen machen!

Entziffern alles, Wort für Wort.

Das, was *vor* uns wird erstehen,

Auf der Tafel an dem Ort

Wird die Inschrift dort hoch stehen!

Glaubt mir doch, Ihr werdet´s sehn!

Lemurens Name nicht vergessen!

Nun lass uns die Zeit nicht messen.

Sie tritt mir drängend auf die Zehen!

Kommt´ schon fort und lasst uns geh´n.

(Larva gibt ein Zeichen mit der Hand)

Lemur: Hat er ein ewig´ Werk geschrieben,

Die Feder dort sich wundgerieben

Wo unsre Namen nun wohl thronen,

Und wir in dem Werke wohnen?

Ach, wissen will ich´s unbedingt?

Ob eine Reise noch gelingt?

(Er macht Anstalten sich auf den Weg zu machen). Larva hält ihn zurück.

Larva: Als Ihr des Menschen Herz berührtet

Glaubtet Ihr, dass Ihr verführtet

Ihn zum ewig Kalten hin.

Ich weiß, dass Euch danach der Sinn.

Doch schlecht war´s von Euch eingerührt,

Zum Mensch selbst habt Ihr Euch gekürt, denn

Nichts bleibt jemals unberührt

Und wird noch immer rückgeführt

Auf einen Selbst dann hin.

Während Ihr dachtet ihn zu kühlen mahlten schon

Ganz and´re Mühlen- oder webten mit den Stühlen

Neue Garne, die Euch fingen,

Köder quer in ihnen hingen.

Noch ehe schon der Morgen graut

Ist sie da, die *Menschenhaut*!

Kaum noch fehlte Menschenkleid,

Seide, Taft und Eitelkeit.

Suchst nach einem ewig Werk?

Ja, zum Riesen strebt der Zwerg.

Will zuweilen größer scheinen,

Sich mit wicht'gen Namen einen.

Doch, Lemur-trotz dieser List

Bleibst Du immer wer Du bist!

Schlechter höchstens kannst Du werden,

Wenn zu Deiner eign'en Kälte

Eitelkeit sich noch gesellte.

Mach Dich von dem Drängen frei-

Der Lemur fällt Larva ins Wort:

Lemur: Schweigt schon! Sei es, wie es sei!

Sollt 'das Menschlein etwas färben

Werd ´ ich daran nicht gleich sterben.

Bin schon tot seit Angedenken-

Lasst´ ihn mir doch dieses schenken!

Wollt´ Ihr mir das noch verleiden?

Mich aus seinen Seiten schneiden?

Ist nicht dies auch Menschentun?

Zeit wohl, dass wir beide ruh´n!

Doch lockt es mich, ich *muss* es lesen,

Ist sein Versprechen wahr gewesen?

Oder bleicht es jetzt schon aus-

Wie die Inschrift vor dem Haus?

Tausend Sonnen werden´s tilgen,

Lassen jedes Buch vergilben,

Jede Letter auf den Mauern

Niemals wird es ewig dauern!

Muss es seh´n solange es dort-

(bettelnd)

Lass´ uns schauen nach dem Ort!

Larva schüttelt den Kopf. Streng spricht sie zum Lemuren.
Larva: Eitel bist Du wie es Dir-

Totengeist- gar nicht geziemt.

Was bringt es, wenn nun unsereins

Auch noch den Menschen mimt?

Ach, Lemur- so leicht durchschaut-

Ich seh´s: Es wächst Euch Menschenhaut.

Hab ich´s Euch nicht schon vorgesagt?

Nützt auch nichts, wenn Ihr´s beklagt.

Einfach ist der Weisheit Schluss,

Und geknackt die harte Nuss.

Wir dürfen´s nicht. Und sei´s wie´s will!

Lemur, lass los- und halte still.

Für heut, für morgen – einerlei.

Es ist wie´s ist und ist - *vorbei!*

(Der Lemur steht unentschlossen; Larva nimmt seine Hand. Sie wiederholt, diesmal sanfter)

Für heut, für morgen – einerlei.

Es ist wie´s ist und ist - *vorbei!*

Komm mit, mein Freund,

Auch wir sind frei!

(Treten ab) Vorhang & **Ende**

NOTIZEN / REGIE:

Studium der **Literaturwissenschaften, Psychologie, Kognitionswissenschaften** und **Philosophie** in Freiburg,

Zürich, Karlsruhe und Konstanz. Abschluss in Pädagogischer Psychologie mit Literatur-Didaktik, Promotion in Freiburg.

Redaktionsmitglied der Literaturzeitschrift **WANDLER**

Mitglied der **Konstanzer Autorengruppe** *„Literarisches*

Café" und des **Steinbachensembles** (Baden-Baden) **Veröffentlichung mehrerer Kurzgeschichten** sowie Lyrik und Auszüge längerer Erzählungen in unterschiedlichen Literatur-Zeitschriften in Deutschland, Österreich und der Schweiz (Wandler, cet, Am Zeitstrand, decision, Anthologien wie die Bibliothek deutschsprachiger Gedichte,

Hörbücher (In den Schuhen der Welt, Nachtflüge)

Print- & Online-Veröffentlichungen, Print-On-Demand.

Autorengruppen in sozialen Netzwerken mit Veröffentlichungen Veröffentlichung mehrerer Rezensionen (Print- und Online), Bibliothek deutschsprachiger Gedichte, Slam-Poetries, zahlreiche Autorengruppen und zahlreicher Literatur-Blogs.

191

Danke, Merci, Grazie, an *Helmi Bouker,* Hergla, Tunesien

Anke Hartmann, Leipzig

Werner Wilkening, Berlin

Matthias Ziebarth, Frankfurt a.M.

Germana Oliveri, Köln